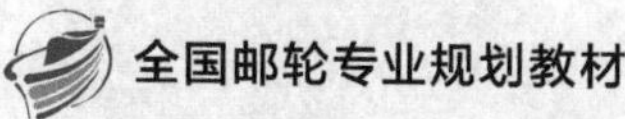

国际邮轮服务与管理

INTERNATIONAL CRUISE SERVICE AND MANAGEMENT

主　编　赵　序
副主编　彭晓风　胡　婧

北京·旅游教育出版社

全国邮轮专业规划教材

国际邮轮服务与管理

北京·旅游教育出版社

前言

邮轮，是一个有着历史文化内涵的词汇，但邮轮业作为一个产业来说，其实还比较的年轻。21世纪以来，随着旅游业在世界范围内的竞争越来越激烈，邮轮旅游，作为旅游业的一个新的经济增长点，越来越受到人们的关注。一直以来，凭借着天时、地利和人和的优势，加勒比海和地中海这两个区域始终占据着邮轮业老大的位置，不仅邮轮港口分布众多，邮轮航线的布局相当丰富，而且，嘉年华、加勒比海、地中海等几个大的国际邮轮公司在这两个地区的竞争也如火如荼。邮轮业的发展，除了需要具备自然地理的天然优势之外，还需要以经济作为依托。近年来，随着亚洲经济的崛起，几个大的国际邮轮公司也开始在亚洲抢占市场，邮轮业在世界范围内的重心开始东移。邮轮业的竞争，不仅仅是经济实力的比拼，更是服务与管理方面的较量，因此培养能够满足邮轮业发展需要的服务与管理方面的优秀人才是大势所趋。本书的编写，希望能在中国邮轮旅游业人才的培养方面给予一定的指引。

本书共包含七章：第一章“邮轮概述”是全书的一个铺垫，主要对邮轮的发展历史、邮轮的分类、邮轮的管理结构及世界四大国际邮轮公司等方面做了一些简单的阐述。第二章至第六章是全书的重点，通过这几章，可以对邮轮的航线设计、邮轮的客房管理、邮轮的餐饮管理、邮轮的康乐管理、邮轮的营销管理等方面能有一个全面而清楚的认识。第七章“海事安全与法规”，主要阐述了保障邮轮安全航行的相关公约与法规，对邮轮上常发生的公共卫生事件的应急处理也进行了简单的描述。

本书的编写工作安排如下：第一章、第二章、第七章，由湖北省旅游学校的赵序老师编写；第三章、第六章，由湖北省旅游学校的彭晓风老师编写；第四章、第五章，由湖北省旅游学校的胡婧老师编写。

一分耕耘，一分收获！本书是各位编者辛勤劳动的结晶，在此给予最诚挚的谢意！在本书编写的过程中，参考了大量的文献与资料，现已在书后的参考文献中一一列明，在此也给予这些文献和资料的作者以最衷心的感谢！

由于编写水平有限，书中有不足之处，希望各位专家和广大读者批评指正。

编　者

2016年8月

目 录

第一章

邮轮概述

本章导读

邮轮，是一个有着厚重历史文化沉淀的词汇，在不同的历史时期，有着不同的文化内涵。它承载着一段历史，也就承载着一段文明。在现代，邮轮旅游，已经成为一种时尚而奢华的旅行方式。

学习目标

通过本章，我们不仅可以清晰地了解邮轮的发展历史、现状及其分类，还可以对目前世界上发展最好的邮轮公司及其品牌有一些大致的了解。

第一节　邮　轮

早期的邮轮(cruise)，是指航行于海上的，定期、定航线的大型客运轮船。由于这个时期的越洋邮件一般都由这种大型客轮运载，故名邮轮。但随着航空运输业的发展，这种以交通运输为目的的大型客运邮轮慢慢地淡出人们的视线，取而代之的是具有现代意义的邮轮。

一、邮轮历史

(一)邮轮的形成期

关于邮轮的产生时间,学术界众说纷纭,但大多倾向于认为邮轮产生于19世纪早期。1837年,英国铁行渣华公司(P&O)创办海上客运兼邮件运输,经营载客的同时兼营运送国际邮件业务,标志着国际邮轮的诞生。

1839年,加拿大人塞缪尔·卡纳德(Samuel Cunard)取得了英国与北美之间运送邮件的承包权。并且于1840年创办了世界上第一家邮轮公司——英国北美皇家邮件船务公司,并以"冠达邮轮"(Cunard Line)命名。

1844年,半岛和东方蒸汽航运公司组织了从英国到西班牙、葡萄牙、马来西亚、中国的航行,这次航行,被称为人类第一次邮轮航行,也标志着邮轮从人货混运到真正意义上客运的开始。

1846年,世界第一家旅行社的创始人——英国人托马斯·库克,包租了一艘邮船,组织了350人的团队到苏格兰旅游,这是世界上公认的首次商业旅游活动,也标志着邮轮作为商业旅游载体的开始。

由于经济条件的限制,这一时期的海上运输,主要是以实现交通为目的的旅行,属于人货混用型邮轮。随着邮轮的穿梭往来,不仅有力地促进了远洋客运的发展,同时也掀起了跨洋旅行的热潮。许多船运公司发现通过招揽乘客坐商船可以增加利润,因而开始设计建造专门用于客运的船舶。阿基塔尼亚号(Aquitania)、利维坦号(Leviathan)、泰坦尼克号(Titanic)等就是这个时期的产物。

知识拓展

"永不沉没的轮船"——Titanic

1912年4月10日,"永不沉没"的"泰坦尼克号"从英国南安普敦港的海洋港出发,驶往目的地美国纽约,开始了当时世界上最大邮轮的第一次,也是唯一一次航行。

1912年4月15日凌晨2点20分,载着1 316名乘客和891名船员的"泰坦尼克号"与冰山相撞,在北大西洋沉没。由于缺少足够的救生艇,1 500人葬身海底,造成了当时在和平时期最严重的一次航海事故,也是迄今为止最为人所知的一次海难。

"泰坦尼克号"于1909年3月31日开始建造,为嘉年华邮轮集团公司的前身英国白星邮轮航运公司所拥有。船体于1911年5月31日下水。“泰坦尼克号”全长约269.06米,宽28.19米,吃水线到甲板的高度为18.4米,注册吨位4.6万吨,排水量达到空前规模的66 000吨,可以运载2 200名乘客,被誉为“永不沉没的轮船”。

“泰坦尼克号”的奢华和精致堪称空前。船上配有室内游泳池、健身房、土耳其浴室、图书馆、升降机和一个壁球室。头等舱的公共休息室由精细的木质镶板装饰,配有高级家具以及其他各种高级装饰,并竭尽全力提供了以前从未见过的服务水平。阳光充裕的巴黎咖啡馆为头等舱乘客提供各种高级点心。“泰坦尼克号”的二等舱,甚至是三等舱的居住环境和休息室都同样高档,可以和当时许多客轮的头等舱相比。3台电梯专门为头等舱乘客服务。“泰坦尼克号”的面包师比格斯回忆说:“……再不会有像它那样的船了。我曾经在‘奥林匹克号’、‘庄严号’、‘伊丽莎白皇后号’……上工作过。它们都比不上‘泰坦尼克号’。”

(二)邮轮的发展期

20世纪早期,远洋客轮主要运送的客人是移民。当时的客轮一般被分为两个等级或者三个等级。一等舱是富人舱,一般有100张床位。客人就餐时,里面有身着礼服的音乐家演奏,环境优雅。而且,富人舱里面的床位也是最高档的。二等舱接受的主要是中等收入的旅客,一般也有床位100张。三等舱是平民舱,也被称为“统舱”,有床位2 000张。三等舱旅客的食品通常是水煮马铃薯,与同舱的伙伴自娱自乐是他们的消遣方式,睡觉的床位是两三层的轻便床。这个时期的邮轮,等级森严,绝对不允许一等舱和三等舱的客人来往。

20世纪二三十年代,邮轮公司为了吸引更多的中产阶级出游,开始在邮轮上提供更多的娱乐消遣服务,邮轮也越造越大。从1888年第一艘万吨邮轮“纽约城市号”(New York City)下水,到1935年8万吨级邮轮“诺曼底号”(Normandie)问世,前后还不到半个世纪。20世纪30年代末期,“诺曼底号”和“玛丽女王号”等豪华邮轮开始了世界上最早的季节性远洋旅游业务。

第二次世界大战期间,由于战争的需要,大部分的邮轮被改装成军用运输船。例如,“玛丽女王号”皇家客轮在战争期间就被征用参与运输,战争结束后,被停放在美国加利福尼亚的长滩。在这个时期,邮轮的运输功能凸显,旅游功能停滞不前。

20世纪60年代,航空公司开始了喷气式飞机飞越大西洋的商业性服务,使人们的出行更为方便、快捷,这样就给客运邮轮公司带来更大压力。邮轮公司纷纷改变经营策略,开发主要针对旅游度假游客的项目。但这个阶段,由于客源有限,邮轮业务仍然处于低迷状态。

如20世纪70年代,只有1%的度假者选择邮轮,于是出现了航空公司与邮轮公司合作开发新产品的现象。

(三)邮轮的成熟期

20世纪80年代以来,邮轮进入现代休闲度假邮轮时期,也进入到了邮轮的"黄金发展期"。特别是到了21世纪,很多豪华邮轮相继出现。这个时期的邮轮,是指在海洋中航行的旅游客轮,它具备了齐全的生活、休闲、娱乐与度假等各方面的设施,完全为观光游览和休闲度假提供服务,可以说它就是一座"移动的五星级饭店""移动的度假中心""移动的微型城镇"。除此之外,游客还可以在船上享受到海洋、海风、海浪、日光等带来的惬意,也可以在邮轮所到达的每一个国家或者城市上岸观光和购物,欣赏异国风光,感受异国风情,因此,又被称为"无目的地的目的地"。

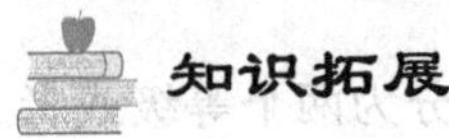

知识拓展

"海洋绿洲号"

"海洋绿洲号"(Oasis of the Seas)豪华邮轮,是美国"皇家加勒比"邮轮公司目前最大的邮轮,也是目前世界上最大的邮轮。它拥有16层甲板和2 000个客舱,可乘载6 000名乘客。建造它耗资14亿美元,吨位达22.5万吨,吃水9.1米、长度361.8米、最宽处63.4米、高72米。

"海洋绿洲号"于2009年11月下海进行处女航。"海洋绿洲号"上"最绿"的,是位于邮轮第八层的中央公园,这是整艘邮轮的核心,而且是一个露天的综合性休闲区,并且在其中分布着7家餐厅和咖啡馆,既有需要穿戴光鲜才能享用美食的高级餐厅、只在晚间开放的牛排屋,也有可供全家人享受露天聚会的托斯卡纳风味意大利餐馆。此外,整个中央公园最吸引人的焦点当数全球独一无二的海上旋转木马,它的尺寸与游乐园里的完全相同。

"独一无二"是"海洋绿洲号"最值得骄傲的标签,这一点同样体现在船舱中。Loft式客舱是整艘邮轮上最高级别的船舱,共有28个套房,分为"皇家Loft套房"、"天空Loft套房"和"贵族Loft套房"。除了Loft套房,邮轮还提供6种不同级别的套房,这些套房中最小的可以容纳4人居住,最大的可以同时容纳14个人,最大的套房中仅卫生间和浴室就达到8个。"海洋绿洲号"堪称是一座"旅行的城市"。(资料来源:上海巴士国际旅游有限公司,2008)

二、邮轮的分类

尽管没有一个统一的标准，但邮轮研究人员仍然会从不同的角度对邮轮进行分类，因为这样对于邮轮经营公司细分邮轮市场、开发出不同类型的产品、吸引更多的游客出游具有巨大的好处。在这里，主要归纳了两种最常用的分类法。

（一）按规模分类

对邮轮规模大小进行划分，通常用注册总吨位数（GRT：Gross register tonnage）和载客人数（Pax）两个指标来衡量。（见表1-1）

表1-1　邮轮分类

分类	注册总吨位数（GRT）	载客量（Pax）
最小型邮轮	1 000以下	200
小型邮轮	10 000~30 000	200~500
中型邮轮	30 000~60 000	500~1 200
大型邮轮	60 000~80 000	1 200~2 000
特大型邮轮	80 000~120 000	2 000~2 500
巨型邮轮	120 000~200 000	2 500~5 000
特巨型邮轮	200 000以上	5 000以上

知识拓展

邮轮的吨位数越大，船体就越大，邮轮的价值就越大吗？答案并非如此。衡量邮轮真正价值的重要标尺，是邮轮的空间比率。

邮轮的空间比率，就是用GRT除以Pax。例如：邮轮的总吨位数120 000，载客量是2 000，那么它的空间比率是60。通常情况下，大多数邮轮的空间比率值在20~35，最低值为8，最高值为60。

空间比率值与邮轮大小并没有正关联的关系，也不是衡量邮轮宽敞的唯一标准。一般情况下，邮轮的日平均价格越高，空间比率值可能就越大。当然，高档邮轮的一个重要的特点就是宽敞。

（二）按功能分类

1.远洋奢华型邮轮

远洋奢华型邮轮一般尺寸、吨位都较大，船形多为流线型，抗风浪能力强，航行速度快。通常能提供管家服务，精致的美食、舒适的环境、优质的服务、最宽敞的生活空间等往往是这类邮轮的典型特点。住宿和公共区域都是经过精心设计的，所以，在豪华且带有阳台的特等客房、套房或双层公寓里，容纳的客人一般相对较少。这些邮轮，其实相当于"五星"酒店的标准，但现在一般都采用"六星"来标注，以彰显其特殊的服务质量品质。"海洋绿洲号"、"玛丽女王二号"（Queen Mary 2）等是这类邮轮的典型代表。

知识拓展

"玛丽女王二号"（Queen Mary 2）

"玛丽女王2号"堪称是世界"邮轮之最"（最大、最长、最高、最宽、最宏伟）。该邮轮由全球最大的邮轮经营集团——美国嘉年华公司旗下的英国丘纳德航运公司订购，悬挂英国国旗。它由法国著名能源和运输设备制造商阿尔斯通集团建造，2004 年 1 月 8 日，英国女王伊丽莎白二世在南安普敦港为其正式命名。邮轮可接待 2 600 多名乘客，并容纳 1 250 多名船员，船上还有可容纳千人的剧院、舞厅、天文馆、健身房等设施，并配备了宠物旅舍、5 个游泳池、虚拟高尔夫球场以及多个酒吧和餐厅。

2.现代海上度假邮轮

现代海上度假邮轮相当于漂浮的度假地，邮轮的规模从中等到巨型不等，但船形美、体积大、设施齐全、活动丰富、航线广、技术含量高。邮轮上配备有具有现代气息的设施设备，如溜冰场、高尔夫球场、攀岩墙等，通常能给游客留下深刻的印象。这些邮轮上的游客，尽管也有机会在自由选择的正式晚宴上盛装打扮，但总体氛围比较的轻松自在。

3.专业型邮轮

专业型邮轮，是针对邮轮的某一特定方面而开发出的独特邮轮产品。如针对目的地而开发出的近海邮轮，这些邮轮在近海绕圈行驶，起点与终点是同一港口。它们体积小，载客量不多，缺少丰富多彩的娱乐活动，经营灵活，可以自由进出浅水区。这种类型的邮轮，对于满足特定市场的需要，具有极大的开发价值。

4.经济型邮轮

经济型邮轮通常是使用中等规模、经过翻新的、较旧的邮轮，邮轮上的设施比新邮轮要少得多。这类邮轮因采用自助式餐饮等形式，因此雇佣的员工较少。经济型邮轮因为投入成本较低，所以定价相对比较便宜，这样对那些邮轮旅行经历不够丰富、中等收入的群体具有相当的吸引力。

第二节　邮轮管理

一、邮轮空间布局及设施

邮轮上的空间一般包括客房空间、非共用（船上员工）空间以及公共空间三个部分。供船上员工使用的空间一般都位于客房甲板之下，包括船上员工客房、餐厅和娱乐设施空间，另外，还有船长驾驶室、船上厨房以及机械区域等也属于非共用空间。邮轮的公共空间一般有以下一些区域：

（一）接待区

邮轮上的接待区相当于酒店的前台，或者服务台，旁边一般设有旅游问询处，有助于游客前来咨询有关港口观光及邮轮活动方面的事宜。在现代邮轮上，接待区通常设在一个越层甲板的透顶大厅内。

（二）餐厅区

大型邮轮的典型特征是拥有若干个主餐厅。非正式的自助餐类通常在甲板上进行，游客们可以在室内进餐，也可以在室外进餐。一些邮轮还设有很多可供选择的餐馆，有的甚至全天开放，如比萨店、汉堡店、冰激凌店等。在泳池甲板或者高尔夫球甲板上，还配备有一些分发快餐类型的小店，它们提供热狗、汉堡等快餐食品。

（三）演出大厅

现代邮轮上最具有吸引力的场所就是演出大厅，这里每晚都会有各种各样的表演，如文艺演出、放映电影或举办各种专项活动。被称为“海上巨无霸”的“海洋绿洲号”，它最吸引人眼球的当数称为“水上剧院”（Aqua Theatre）的圆形剧场，它白天可以作为游泳池使用，夜晚则成了绚丽的表演舞台。

(四)运动健身区域

目前大多数邮轮都会为游客提供运动健身场地及器材。运动方面主要有游泳池、高尔夫球场、网球场、慢跑跑道、攀岩墙等。健身方面一般都配有增氧健身区、固定自行车、健身踏步器和投掷器械等。一般情况下,级别越高的邮轮,运动健身区域的设施设备就会越先进。

(五)礼品区

一般来说,邮轮上的礼品店通常出售各种纪念品、免税商品、T恤衫及各种以该船为主题的商品。为营造旅游氛围,有的邮轮还设有一些由各色礼品店构成的观光型商业街,供游客消遣。

除以上最基本的公共区域外,邮轮一般还有药店、图书馆、小型教堂、棋牌室、各种多功能厅、观景台等。

二、邮轮经营管理

(一)邮轮组织结构

随着邮轮业的发展,现在邮轮的运营模式一般都采用邮轮集团化模式进行经营。邮轮的物流、市场营销、人事、财务、人力资源开发、海事计划、业务发展等事务,都由集团公司直接提供支持,以降低邮轮运营成本。而邮轮的组织机构主要由甲板部和酒店管理两大部门组成。

甲板部是邮轮运营的核心技术部门,主要由船长掌控。一般包括两大块:其一是负责航海方面的事务,如对导航、航行和航行安全等负责;其二是机舱方面的事务,主要是技术工作,包括对轮机、电气和冷藏等方面的操作、维护和管理。甲板部的工作人员不多,但都是专业技术人员,一艘豪华邮轮上这个部门的员工大概在100人左右,邮轮上拿高薪的员工一般也在这个部门。

酒店管理部门是邮轮工作人员最多的一个部门,这个部门的员工总数一般会达到邮轮总体员工的2/3。比如,一艘8万吨级、载客2 000人左右的豪华邮轮,酒店服务方面的人员就达到900人,其中,厨师大约200人,餐厅服务人员大约400人,客舱服务人员大约300人左右。

(二)邮轮主要管理人员及其职责

一般豪华邮轮的雇员,大都来自于40个左右的国家,所以说堪称是一个“小联合国”。

邮轮定位不同，顾客与员工之比也就不太一样。在通常情况下，一艘旅游邮轮的顾客与雇员之比为 3∶1，但随着邮轮业的发展，豪华邮轮的比率达到 1.5∶1，有的甚至达到 1∶7，即一名游客，可以配备 7 名员工。

比如，嘉年华“自由号”，载客 2 974 名，员工 1 910 名；皇家加勒比“海上航行者号”，载客 3 840 名，员工 1 180 名；“玛丽王后 2 号”，载客 2 620 名，员工 1 250 名。

邮轮，就是一座移动的酒店，为了有序管理，必须有一套严密的组织结构，下面介绍邮轮上的一些主要职位。

1.航行业务职位

(1)船长

船长是邮轮上的最高行政长官，对邮轮上的所有事务负责，尤其是邮轮安全。在邮轮上，一般都会举行船长晚宴，通常每星期安排一次，它实际上就是船长带领船上高管与游客们见面的一个餐后酒会。因为名额有限，游客一般需要提前报名参加。

(2)副船长(大副)

大副是船长工作繁忙或者不在邮轮时的主要负责人。他主要负责监督邮轮的安全航行和安全保障系统。在大型邮轮上，他还负责监管邮轮的高、低级管理人员，如二副、三副等。

(3)轮机长

轮机长是邮轮的总工程师。主要负责监管邮轮所有机械的运行，包括轮机、电力、照明、管道、废物处理、邮轮室内温度的调控以及邮轮本身的维护和保养等。他还负责监管高、低级管理人员，如大管轮、二管轮、三管轮等。

(4)水手

水手负责邮轮进出港时的操舵，同时，还与驾驶员当班，协助航行时的瞭望。在驾驶员的指挥下避让船只，在水手长的带领下维修船体等。

2.酒店管理职位

(1)事务长

主要负责掌管邮轮日常事务，如游客账目管理、邮件、实时资讯、打印、贵重物品寄存、熟悉海关相关规定等。一般的大型邮轮都配有两名事务长，即员工事务长，主要负责对员工事务的管理；酒店事务长，主要处理与游客相关的事务。

(2)行政总厨

行政总厨主要掌控一切食物和饮料的准备和供应；负责指导、监督副厨师长、面点师、烹饪师及其他厨房工作人员。

(3)餐饮经理

餐饮经理负责餐厅、酒吧的管理,监督饭菜和饮料的上桌过程,监督餐厅主管、领班、餐厅服务员等的工作。参与酒店安排的各种派对活动。

(4)客舱经理

客舱经理负责对客舱的管理,监督酒店区域环境卫生和公共安全,监督部门主管、领班、服务员、勤杂工等的工作。参加酒店安排的派对活动。

(5)航游总监

航游总监主要负责协调邮轮的所有娱乐和观光活动。主持各种聚会,如旅游情况介绍会、登岸会和船长晚宴等。还负责监管乐师、演员、摄影师等。

邮轮工作人员的配备,一般都遵循从紧的原则,这样就会经常出现"一岗多责"、跨部门工作的现象。每个员工在船上基本上都有两份工作:一份本职工作,一份紧急情况下需要配合的工作。如当邮轮上有船长晚宴、大型演出时,就需要所有船员的通力配合,并派出人员支持。因此,邮轮上每周大约有 2/5 的员工需要跨岗位工作,1/5 的员工需要跨部门工作。

第三节　世界四大邮轮集团公司

目前,世界前四大邮轮公司依然是美国的嘉年华集团、皇家加勒比邮轮公司和马来西亚的丽星邮轮公司以及瑞士的地中海邮轮,共拥有 172 艘邮轮、39 万个铺位,分别占世界总量的 58.1%和 84.8%。旗下船队的平均船龄 12.4 年,平均吨位 88 895 GT。

一、嘉年华邮轮集团公司

(一)嘉年华邮轮历史

嘉年华集团(图 1-1)是当今邮轮世界第一大邮轮集团,总部设在美国佛罗里达州的迈阿密市,被业界誉为"邮轮之王"。

嘉年华邮轮集团公司成立于 1972 年,创始人是泰德·阿丽森。他用 1 美元购买了嘉年华的第一艘船——"加拿大帝后号",承担了这艘船的所有债务,但这艘船在刚出迈阿密港就碰上了暗沙。

图 1-1 嘉年华邮轮公司 logo

20 世纪 70 年代，是嘉年华的创立阶段。超低的价格、短小的邮轮线路、拉斯维加斯的装修风格和时尚，让嘉年华很快立足邮轮业。1978 年，嘉年华购买了“瓦尔(Vaal)号”邮轮，在花费 3 000 万美元的精心装饰之后，这艘邮轮成为迈阿密前往加勒比最大、最快的邮轮。

20 世纪 80 年代，是嘉年华的迅速扩张阶段。1982 年，嘉年华的“热带号”(Tropicale)全新面世，自此之后，嘉年华的邮轮几乎全部是最新订购。从此也开启了一股建造新邮轮的热潮，一直持续到现在。

20 世纪 90 年代，嘉年华继续着扩张的神话。1994 年，嘉年华和半岛东方——“公主邮轮”合并，成为世界最大的邮轮集团。1996 年，邮轮业第一艘超过 10 万吨级的邮轮，101 353吨的嘉年华“佳运号”(Carnival Destiny，另译远景)成为当时最大的邮轮。

进入 2000 年，嘉年华的邮轮越来越大，从 110 000 吨级的“征服”(Conquest)系列邮轮，到 2011 年 130 000 吨的“魔力号”(Magic)，嘉年华逐渐完成了布局美国各大市场的步骤，让竞争对手望尘莫及。

(二)嘉年华邮轮品牌及市场

嘉年华集团并没有悠久的历史，在短短几十年的时间，凭借着创新和资本运作，成为邮轮业的一大霸主，其成功经验值得邮轮业后辈们借鉴。

目前，嘉年华集团旗下共有 10 个子品牌：

其中，“嘉年华邮轮”(Carnival lines)、“公主邮轮”(Princess Cruises)、“荷美邮轮”(Holland America Line)等主要负责北美洲市场。

“歌诗达邮轮”(Costa cruises)、“铁行邮轮”(P&O Cruises UK)、“阿依达邮轮”(AIDA Cruises)等主要负责欧洲市场。

澳大利亚 P&O Cruises 负责澳大利亚市场。

“冠达邮轮”(Gunard Line)、“玺宝邮轮”(Seabourn，也译作世邦)主要服务于全球高端市场。

“Fathom”邮轮，是公益邮轮，是嘉年华的创新品牌，于 2016 年 4 月推出。从 5 月开始，

Fathom 旗下的 710 人邮轮开始执行 Adonia 计划，将客人送往多米尼加共和国以及古巴，并将在目的地停留数天，让乘客为当地慈善做志愿工作——这在美国邮轮中是前所未见的。虽然某些邮轮也曾将志愿者的工作作为岸上观光的一部分，但只有 Fathom 将公益事业当作核心。

这些品牌的子公司独立经营，并保持着各自的特色。

（三）嘉年华邮轮船队

嘉年华一直以来都以“快乐邮轮”作为其市场的定位。它并不追求邮轮的豪华与奢侈，而是以其多样化的休闲设施、新颖而独特的装饰与装潢、宽敞的客舱、低廉的价格等吸引着广大年轻的游客。

嘉年华现有邮轮 23 艘，2 艘在建。其中分为 6 个主题系列，即：梦想系列、光辉系列、征服系列、精神系列、佳运系列和梦幻系列等（见表 1-2）。

表 1-2　嘉年华邮轮船队

系列	船名	投入时间（年）	吃水（吨）	载客（人）	职员（人）	建造地
梦想	清风（breeze）	2012	130 000	3 652	1 369	意大利
	魔力（Magic）	2011	130 000	3 652	1 369	意大利
	梦想（Dream）	2009	130 000	3 652	1 369	意大利
光辉	光辉（Splendor）	2008	113 300	3 006	1 150	意大利
征服	自由（Freedom）	2007	110 000	2 974	1 150	意大利
	自主（Liberty）	2005	110 000	2 974	1 150	意大利
	英勇（Valor）	2004	110 000	2 974	1 150	意大利
	光荣（Glory）	2003	110 000	2 974	1 150	意大利
	征服（Conquest）	2002	110 000	2 975	1 150	意大利
精神	奇迹（Miracle）	2004	88 500	2 124	930	芬兰
	传奇（Legend）	2002	88 500	2 124	930	芬兰
	自豪（Pride）	2001	88 500	2 124	930	芬兰
	精神（Spirit）	2001	88 500	2 680	921	芬兰

续表

系列	船名	投入时间(年)	吃水(吨)	载客(人)	职员(人)	建造地
佳运	胜利(Victory)	2000	101 509	2 758	1 100	意大利
	凯旋(Triumph)	1999	101 509	2 758	1 100	意大利
	佳运(Destiny)	1996	101 353	2 642	1 040	意大利
梦幻	乐园(Paradise)	1998	70 367	2 052	920	芬兰
	欢欣(Elation)	1998	70 367	2 052	920	芬兰
	灵感(Inspiration)	1996	70 367	2 056	920	芬兰
	创意(Imagination)	1995	70 367	2 056	920	芬兰
	神逸(Fascination	1994	70 367	2 056	920	芬兰
	佳名(Sensation)	1993	70 367	2 056	920	芬兰
	神往(Ecstasy)	1991	70 367	2 056	960	芬兰
	梦幻(Fantasy)	1990	70 367	2 052	920	芬兰

(资料来源:“邮轮旅行家”.http:www.oceancruiser.cn/carnival.html)

二、皇家加勒比国际邮轮公司

(一)皇家加勒比邮轮概述

皇家加勒比国际邮轮有限公司(图 1-2)是全球第二大邮轮运营商,总部位于美国迈阿密,在全球范围内经营邮轮度假产品。旗下拥有皇家加勒比国际邮轮(Royal Caribbean International)、精致邮轮(Celebrity Cruises)、精钻邮轮(Azamara Club Cruises)、普尔曼邮轮(Pullmantur)和 CDF 邮轮(Croisieres de France)五大品牌。公司目前拥有各品牌总共 41 艘豪华邮轮(截止到 2014 年)。同时公司也在世界范围内运行多样化的航线,并提供覆盖七大洲约 460 个目的地的陆地游度假产品。

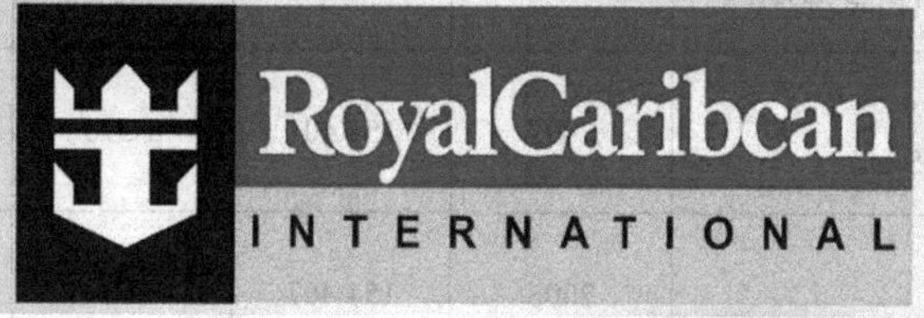

图 1-2　皇家加勒比邮轮 logo

自1968年成立至今，皇家加勒比国际邮轮始终保持着行业领先的地位，并建造了两艘全球最大的邮轮——“海洋绿洲号”（Oasis of the Seas）和“海洋魅丽号”（Allure of the Seas）。这两艘姐妹船的总吨位均为22.5万吨，是目前世界最大、最具创意的邮轮。“海洋绿洲号”与“海洋魅丽号”将全新的“社区”理念引入邮轮，把邮轮空间划分为中央公园、百老汇欢乐城、皇家大道、游泳池和运动区、海上水疗和健身中心、娱乐世界和青少年活动区7个主题区域，以满足不同类型游客的度假需求。

皇家加勒比国际邮轮是一个备受赞誉的全球性邮轮品牌，有着近50年的创新历史，开创了诸多行业先河。旗下的邮轮船队拥有多种其他公司无可比拟的功能和设施，这些都只有在皇家加勒比才能亲身体验，其中包括令人瞠目结舌的百老汇式的娱乐表演，以及在业内广受好评的专门针对家庭和探险爱好者的娱乐项目。凭借其享誉世界的金锚服务，皇家加勒比国际邮轮已连续11年在《旅游周刊》（Travel Weekly）读者投票中蝉联“最佳邮轮公司”大奖。

2012年6月，皇家加勒比国际邮轮把旗下的“海洋航行者号”引入中国，并于2012年以上海为母港开设国际邮轮航线。作为全球十大邮轮之一，“海洋航行者号”进入中国后成为中国乃至整个亚太地区最大的豪华邮轮。

（二）皇家加勒比邮轮主要船队

皇家加勒比集团5个品牌占据着世界约1/4的邮轮市场，是世界第二大邮轮企业。其中，皇家加勒比国际就有21艘邮轮，1艘在建。皇家加勒比共有绿洲、自由、巡游、光芒、远景、宗主6个系列的邮轮。现将主要邮轮船队列举如下（表1-3）：

表1-3　皇家加勒比邮轮船队

系列	船名	投入时间	吃水（吨）	载客人数	职员人数	建造国
绿洲	海洋魅丽（Allure of the Seas）	2010	220 000	5 400	2 150	芬兰
	海洋绿洲（Oasis of the Seas）	2009	225 282	5 400	2 165	芬兰
自由	海洋独立（Independence of the Seas）	2008	154 407	4 370	1 360	芬兰
	海洋自主（Liberty of the Seas）	2007	154 407	4 370	1 300	芬兰
	海洋自由（Freedom of the Seas）	2006	154 407	3 634	1 360	芬兰

续表

系列	船名	投入时间	吃水(吨)	载客人数	职员人数	建造国
巡游	海洋水手 (Mariner of the Seas)	2003	138 279	3 114	1 185	芬兰
	海洋领航 (Navigator of the Seas)	2002	138 279	3 114	1 213	芬兰
	海洋冒险 (Adventure of the Seas)	2001	137 276	3 114	1 180	芬兰
	海洋探险 (Explorer of the Seas)	2000	137 308	3 114	1 180	芬兰
	海洋巡游 (Voyager of the Seas)	1999	137 276	3 138	1 181	芬兰
光芒	海洋珠宝 (Jewel of the Seas)	2004	90 090	2 501	842	德国
	海洋夜曲 (Serenade of the Seas)	2003	90 090	2 490	891	德国
	海洋光华 (Brilliance of the Seas)	2002	90 090	2 501	859	德国
	海洋光芒 (Radiance of the Seas)	2001	90 090	2 501	859	德国
远景	海洋远景 (Vision of the Seas)	1998	78 491	2 445	765	法国
	海洋魔法 (Enchantment of the Seas)	1997	80 700	2 446	760	芬兰
	海洋迎风 (Rhapsody of the Seas)	1997	78 491	2 435	765	法国
	海洋宏伟 (Grandeur of the Seas)	1996	74 000	2 446	760	芬兰

续表

系列	船名	投入时间	吃水(吨)	载客人数	职员人数	建造国
远景	海洋辉煌 (Splendour of the Seas)	1996	70 000	2 076	720	法国
	海洋神话 (Legend of the Seas)	1995	70 000	2 076	720	法国
宗主	海洋君主 (Majesty of the Seas)	1992	73 941	2 744	833	法国
	海洋国君 (Monarch of the Seas)	1991	73 941	2 744	833	法国

(资料来源:"邮轮旅行家".http:www.oceancruiser.cn/carnival.html)

三、丽星邮轮公司

(一)丽星邮轮介绍

丽星邮轮集团(图 1-3),连同旗下的挪威邮轮、NCL 美国、东方邮轮及邮轮客运,为世界第三大联盟邮轮公司。总部设在香港。在世界各地超过 20 个国家或地区设有办事处,比如,中国内地、印度、印度尼西亚、日本、韩国、新西兰、马来西亚、新加坡、菲律宾、瑞典、中国台湾、泰国、英国、美国等。集团营运中的邮轮共 22 艘,逾 3.5 万人的总载客量。航线遍及亚太区和南、北美洲以及夏威夷、加勒比海、阿拉斯加、欧洲、地中海、百慕大及南极等。

图 1-3　丽星邮轮 logo

丽星邮轮(Star Cruises)于1993年成立,以推动亚太区的国际邮轮旅游发展为目标。凭借其全新及豪华的大型邮轮和精彩航线,丽星邮轮在亚太区的邮轮业发展上一直承担着领导的角色。先进的邮轮设施设备、完善的服务,以及在全球各主要邮轮公司中最高的船员对乘客比率(1∶2),使丽星邮轮已经成为亚太区邮轮业的典范。

丽星邮轮一直致力于为旅客提供一流的设施及服务,多年来获得多个国际奖项及认证:曾十度荣获"亚太区最佳邮轮公司"的称号;连续8年获得殿堂级嘉奖"TTG游大奖荣誉堂";也在2015年世界旅游大奖中第四度勇夺"亚洲领导船队"的殊荣。

(二)丽星邮轮主要船队

目前,丽星邮轮于亚太区营运的邮轮包括"处女星号"、"双子星号"、"天秤星号"、"宝瓶星号"、"双鱼星号"、"白羊巨星号"。这些邮轮主要以中国香港和新加坡为基地,在亚太地区提供丰富多彩的邮轮航线。其中,"处女星号"邮轮是丽星邮轮公司家族中最为耀眼的邮轮明星,总排水量达76 800吨。这艘五星级的豪华海上欢乐城,拥有超过25个餐厅;同时,这也是全球第一艘设有印度餐厅的豪华邮轮,提供官方认定符合伊斯兰标准的饮食。

表1-4 丽星邮轮船队

船名	投入时间	吃水(吨)	载客人数	建造国
白羊巨星号 MegaStar Aries	——	3 341	66	德国
双鱼星号 Star Pisces	1994	40 053	1 168	芬兰
处女星号 SuperStar Virgo	1999	76 800	1 804	德国
天秤星号 SuperStar Libra	2005	42 276	1 472	芬兰
宝瓶星号 SuperStar Aquarius	1993/2007	51 039	1 529	法国

(资料来源:"邮轮旅行家".http:www.oceancruiser.cn/carnival.html)

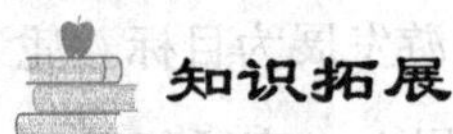

双子星号

“双子星号”的前身为“挪威之梦号”，翻修于2012年，耗资5 000万美元，排水量达到50 764吨，可载客1 704人。目前，它已加入丽星邮轮亚洲船队，与“处女星号”、“宝瓶星号”、“天秤星号”及“双鱼星号”一起为亚太区及来自全世界的客人提供难忘的度假体验。

邮轮重新命名为“双子星号”是希望可以如古希腊神话传说一样，由双子保护海上航行者，以及让他们手中的竖琴为人们带来欢欣和愉悦。“双子星号”的设施可谓包罗万象，包括各种中西餐厅、表演场地、卡拉OK、水疗及健身中心、美容美发中心、儿童天地等，以满足不同客人的需要。

“双子星号”的766间客房共可载客1 532人，并设有海景客房、豪华套房及行政套房等供客人选择。“双子星号”新增设的4 000平方英尺的购物空间，为客人提供无可比拟的购物体验。进驻“双子星号”的多个奢华免税品牌，让客人可以在船上尽情购买高级名表、珠宝，以及一系列名牌手袋、钱包、香水、太阳眼镜、配饰及时尚产品等。

四、地中海邮轮公司

（一）地中海邮轮历史与现状

地中海邮轮，正式成立于1987年，总部位于意大利的那不勒斯，并在意大利的主要城市如米兰、威尼斯、罗马、巴勒莫、巴里，以及全球40多个国家都设有办事处。

图1-4 地中海邮轮

地中海邮轮的标志（图1-4）是把MSC三个字母镶嵌在指南针图案中间，代表在MSC邮轮的世界里，顾客永远是中心。指南针本身象征着公司邮轮将驶向各个方向，从而体现了公司的长远发展目标。邮轮的内部设计处处体现出公司“意大利制造”的理念，华丽的装饰装潢、精巧的设计、精致的美食、浪漫而温馨的氛围等等，这些都是吸引游客的亮点。

另外，地中海邮轮也非常注重每艘邮轮的风格和舒适度，其设计灵感源自意大利的高雅，也许用“舒适和随意”来形容人们对于MSC的感觉更为准确——既有豪华酒店的舒适环境，又有在家一般的随意氛围。

（二）地中海邮轮市场

地中海邮轮经过近几年的迅速发展，已经成为地中海邮轮市场的先行者。全年航行于地中海区域，并季节性航行于北欧、大西洋、加勒比海、北美、南美、西南非以及红海等。

邮轮在地中海区域销售的季节性非常明显，冬季主要吸引老年乘客，而夏季则更多地吸引家庭游客参与。依靠着广大的欧盟市场，近年来，地中海邮轮凭借着相对低廉的价格，也吸引了众多的英国、爱尔兰的旅行者。当然，邮轮公司在进行市场开发时，也考虑了诸多的因素，比如，对于旗下的一些相对老旧的船只，主要用来吸引欧洲消费能力一般的老年怀旧游客；而最新购进的邮轮系列，则主要针对北美市场那些崇尚现代度假的游客进行推广。

立足于地中海本土市场的地中海邮轮，在21世纪得到迅猛发展，并迅速从单一的市场发展成多元化的市场。在未来的市场规划中，已经确立要开发更多的非洲和美洲航线。

（三）地中海邮轮航线及船队

地中海邮轮是欧洲邮轮业的后起之秀，经过几十年的发展，已经达到了前所未有的规模。地中海邮轮拥有的邮轮船队，占据着世界邮轮市场5.7%的份额。正在运营中的13艘邮轮，力求每年达到100万名游客的目标。目前，地中海邮轮，拥有3个系列的13艘邮轮，见下表（表1-5）：

表1-5 地中海邮轮船队

系列	船名MSC	投入时间（年）	吃水（吨）	载客（人）	职员（人）	建造地
梦幻	珍爱（Preziosa）	2013	139 072	4 345	1 388	法国
	神曲（Divina）	2012	139 400	3 502	1 388	法国
	辉煌（Splendida）	2009	133 500	3 900	1 313	法国
	幻想（Fantasia）	2008	135 000	3 900	1 313	法国

续表

系列	船名 MSC	投入时间(年)	吃水(吨)	载客(人)	职员(人)	建造地
音乐	华丽(Magnifica)	2010	93 300	2 550	990	法国
	诗歌(Poesia)	2008	92 490	2 550	987	法国
	管乐(Orchestra)	2007	89 600	2 550	987	法国
	音乐(Musica)	2006	89 600	2 550	987	法国
	歌剧(Opera)	2004	59 058	1 712	740	法国
	抒情(Lirica)	2003	58 825	1 560	700	法国
	序曲(Sinfonia)	2002	58 625	1 566	710	法国
	和睦(Armonia)	2001	58 625	1 554	700	法国
经典	旋律(Melody)	1981	35 143	1 062	535	法国

(资料来源:“邮轮旅行家”.http:www.oceancruiser.cn/carnival.html)

案例补充

国际邮轮巨头进入“中国定制时代”

随着中国经济的发展,各大国际邮轮公司纷纷进入中国,开拓中国邮轮旅游市场。目前中国邮轮旅游市场主要由三大邮轮集团主导,即嘉年华集团、皇家加勒比邮轮集团和丽星邮轮公司。嘉年华集团自2006年进入中国以来,主要以其旗下品牌意大利歌诗达邮轮为主,开辟了以上海、天津和香港3大港口城市为母港的多条不同航线。皇家加勒比也于2006年进入中国市场,为中国市场提供豪华邮轮产品。丽星邮轮是亚太地区的领导船队,也是中国知名度最高的邮轮公司。

据世界邮轮协会的统计数据显示,2014年中国邮轮游客数量达70万人次,已经超过西班牙和法国,逼近英国和德国;2015年,中国邮轮游客出入境约248万人次,同比增幅达44%。国际邮轮公司想要在中国蓬勃发展的邮轮市场中分一杯羹,只是引入邮轮旅游文化或许远远不够,国际邮轮巨头们在中国市场的这场竞争正步入“中国定制时代”。

2016年年初,以“意大利风情”为招牌的歌诗达邮轮宣布斥资1 900万欧元升级旗下的“大西洋号”邮轮,打造适合中国市场的专属服务设施。同样在第一季度,公主邮轮旗下的“盛世公主号”下水,成为首艘专为中国游客打造的国际奢华邮轮。最近加入这场“本土化战争”的是全球第二大邮轮公司——皇家加勒比国际邮轮，该公司为中国市场定制的“海洋赞礼号”，于2016年4月在德国迈尔造船厂下水，于6月到达天津。

问题设计：

1.讨论中国邮轮业的发展历史。

2.中国邮轮业的发展前景如何？

3.国际邮轮集团在中国市场上的发展趋势如何？

第二章

邮轮航线设计及分布

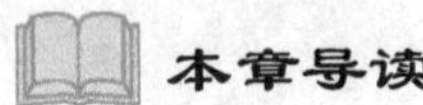

随着邮轮旅游经济的越来越受重视,邮轮旅游竞争也越来越激烈,如何在众多的邮轮航线中脱颖而出,吸引更多人的眼球,邮轮航线的设计是关键。高品质、高质量的邮轮航线是能使邮轮企业和旅游者都满意的航线,只有这样才能获得邮轮业的永续发展。

学习目标

通过本章,可以对邮轮航线设计的相关因素有一个大致的了解,同时,也可以对目前国际邮轮航线的布局及部分的国际邮轮港口有一个清楚的认识。

第一节　邮轮航线设计

邮轮航线,是指邮轮从母港出发,经过一定的航程,把若干个基础港、挂靠港等串联起来,最后又回到邮轮母港的一条旅游线路。设计合理的邮轮航线不仅可以给游客在旅途中带来物质的享受、心灵的愉悦,而且也可以给邮轮公司带来丰厚的利润。因此,对于邮轮公司的发展来说,邮轮航线的设计至关重要。

一、航线设计的原则

（一）安全性与经济性原则

航线设计的优劣，通常用安全性和经济性两个重要指标来衡量。航线设计的安全性，是指邮轮在航行中，务必确保航行船舶和游客的安全。船舶安全是保证邮轮公司财产不受损失的最基本保障。游客安全是游客选择此条线路的首要考虑因素。因此，邮轮公司在设计航线时，应该把航线的安全性放在第一位。特别需要指出的是，在进行航线设计时，应遵循各旅游地的安全保护规定，使航线尽量能巧妙地避开当地的军事禁区、保密设施，也不要安排涉嫌违反机密的活动内容。

航线的经济性，对于企业来说，就是追求利润的最大化，即以最短的航行距离、最少的航行时间、最省的燃油消耗、最小的船损、最低的运营成本，达到最佳的运营效果。从旅游者的角度来说，就是用最少的花费，得到最大舒适度的满足。只有企业与旅游者能够互惠互利、双赢的航线，才是最佳的邮轮航线。

（二）资源合理配置原则

邮轮航线设计时，首先要确定目标市场，对邮轮产品进行定位，然后根据特定的目标市场，对资源进行合理的配置，设计出具有吸引力的邮轮航线。例如，一直以来，北美邮轮市场几乎占据了整个邮轮市场一半的份额，主要在于有美国这个世界最强大的经济体作为后盾，而且，旅游者多为中高收入的人群。近年来，随着亚洲经济的崛起，亚洲市场对邮轮产品的需求也很旺盛。面对具有不同消费水平的市场，在设计航线时，应考虑不同游客的心理，配备能满足其心理价位的船舶。当然，还应该综合评估整个公司的航线网络和配船情况，比较不同方案的收益状况，以期实现邮轮公司经济效益的最大化。

（三）“点—线”融合的航线设计原则

优良的港口、密集的邮轮航线和优质的岸上产品与服务，是邮轮业持续健康发展的必要保障，也是邮轮公司设计航线时所要考虑的最重要的因素。因此，只有形成以邮轮港口为中心、以航线布局为辐射、以岸上旅游服务为支撑的“点—线”融合的邮轮旅游线路，才能对客源市场具有强大的吸引力。邮轮，是一座“移动的酒店”，优秀的航线设计，不仅能使游客在旅程中感受到在海上航行的快感，享受到船上的精美饮食和温馨住宿，体验到船上奢华的休闲娱乐设施，更能欣赏到各停靠港口带有异域风情的优美景色。

（四）沿线景点冷热均衡原则

随着旅游的越来越现代化，人们的出游不再仅仅停留在对休闲度假的追求上，有更多的人在追求旅游产品的新、奇、特，因此，在设计邮轮航线时，应慎重选择各旅游景点，不要千篇一律，尽量努力地给游客营造一种新奇感。当然，在追求产品新奇感的同时，也应该注重冷热景点的均衡搭配，不要过度关注"热门"产品，而忽视了对"冷门"产品的开发。在航线设计中要注重冷热景点均衡搭配的原则，这样就可以缓解"热门"航线的环境压力，有效分流游客，保障热门旅游产品的可持续发展；同时，多样化的航线也能更好地满足游客的需求。

二、航线设计的要素

一条好的航行线路的设计，需要考虑的因素有很多，大致包含以下一些要素：

（一）邮轮港口的选择

邮轮航线的优化，一般从选择港口开始，优良的邮轮港口一般都具有以下一些特征：

首先，邮轮的接待能力强，具备接待大型邮轮和多艘邮轮的能力。包括拥有足够的岸线资源，具有满足水深条件的港区和航道，拥有足够多的泊位数量；通常采用多类型的码头运营模式，且邮轮码头和周边配套设施齐备，服务质量优良，拥有优良的游客通关能力和宽敞的邮轮接待和维护场地。

其次，港口的通达性良好。优良的港口，一般都靠近市中心或者商务区，海陆空交通便利，游客能很便利地进入市区的休闲娱乐购物区。

再次，岸上旅游产品丰富。邮轮港口所在城市周边拥有丰富的风土文化和旅游资源，适合开发岸上观光旅游产品。

最后，地理与区位位置优越。一般气候宜人，水文条件良好，通常有屏障保护，利于邮轮停靠。而且，这些港口都具备多方位开发邮轮航线资源的区位优势。

（二）岸上产品的开发

邮轮航线由母港、挂靠港和海上航程组成，其中，港口周边的岸上产品配备也是在设计航线时应该重点考虑的因素。一方面，它对游客选择航线和游客的旅行满意度有着重要影响；另一方面，它也是邮轮航线的重要盈利点，其价格和销售量直接关系到航线的经济效益。具体来说，开发岸上产品时，要从以下一些方面来考虑：

1. 市场吸引力和接近客源市场

市场吸引力是一种产品在邮轮市场所具有的活力和潜力。一直以来，国际邮轮最具活力的市场主要是北美市场和欧洲市场。但随着邮轮业在世界范围内的扩张,这两大市场的潜力开始下滑。一方面,在于其发展空间有限,无力再高频率、高强度地开发出对该市场更有吸引力的产品;另一方面,随着亚洲邮轮市场对邮轮旅行热情的高涨,已经在整个国际邮轮市场分了一杯羹。亚洲市场,特别是东南亚市场,可以说是目前邮轮市场中最具潜力的市场。

岸上产品的市场吸引力,是决定该邮轮航线成败的关键。因此,根据各细分市场,开发出具有吸引力的、差异化的产品是很重要的一环。当然,开发的岸上产品接近客源市场也很重要。

2. 丰富的产品项目

根据孙晓东等人对皇家加勒比邮轮公司的岸上产品进行的调查,邮轮航线上的岸上活动总共有124种,主要的岸上活动有20种左右。大致分为9个类别,即休闲观光、探险之旅、美食之旅、演出与娱乐、野生动植物探索、沙滩与水上活动、浮潜与潜水、飞行观光以及高尔夫等。其中,休闲观光是其主导产品,加上其他混合型的运动,休闲观光这一产品类型就占其岸上产品比率的75%。

丰富的产品项目是吸引客源的最重要的条件。一般游客在选择航行线路时,除了考虑邮轮的安全性以外,另一个影响着他们选择的因素就是目的地的产品项目。因此,丰富多彩的活动项目,是稳定客源,并吸引潜在客源的最重要的利器。

3. 安全的人文、地理环境

出门旅行,是为了放松身心。因此,良好的自然地理环境是吸引游客的又一必要因素。地中海、加勒比海之所以能成为两大热门邮轮旅游胜地,凭借的就是其天然良港的位置。

当然,人文环境的和谐、当地民风民俗的古朴、社会政治制度的稳定等也是岸上产品开发应该考虑在内的。盗匪猖獗、恐怖盛行、政局不稳的区域,即使开发的产品再有特色,也不会对市场具有太大的吸引力。

(三)目的地港的季节性及航行时间

目的地港是邮轮在航行中所途经的港口。由于地理区位的不同,各港口的航行时间也会不同,有些港口具有明显的季节性。如阿拉斯加,由于纬度较高,冬天海面结冰,邮轮只有夏天才能在该区域航行。而加勒比海地区,气候终年温和湿润,邮轮全年都可以在此区域航行。邮轮公司在设计航线时,必须把目的地的季节性因素考虑进去。

在设计航线时，不仅要规划整条线路的巡游周期，而且更要关注停靠港停留时间与海上航行时间的平衡。对于游客来说，在停靠港停留的时间越长，游客的感受就会越深，游客的满意度也会相应提高。但对于邮轮公司来说，它们更愿意拉长在海上的航行时间，因为在航行期间，酒水、康乐、免税店、赌场等可以给邮轮公司带来更多的收益。

一般情况下，邮轮的运营采取的是昼泊夜航，即白天邮轮停靠在港口，以便游客能上岸观光；晚上在游客疲惫睡觉的时候赶赴下一个港口，让游客能有效地利用时间。通常邮轮都是下午 6 点左右开航，上午 8 点左右到港。

（四）公众评价与反馈

现代邮轮公司在制定航线时还非常关注公众的评价与反馈。一方面，通过对游客进行满意度的调查，可以找出以往邮轮航线的问题与不足，同时，还能发现游客的需求，根据游客的需求，设计出游客满意度高的邮轮航线；另一方面，内部员工的反馈也相当重要。因为邮轮上的员工是与游客直接接触的工作在第一线的人员，他们能很直观地了解游客的喜怒哀乐，他们的感知和经验的反馈，是邮轮公司设计航线时最宝贵的财富。

三、邮轮母港的设计

（一）邮轮母港

主要有 3 种类型的邮轮港口：母港（Home port）、停靠港（Port of call）和小码头（Jetty）。邮轮母港，必须具备供多艘大型邮轮停靠及其进出所需的综合服务设施设备，它是邮轮的基地，邮轮消耗材料的补给、邮轮的维护和修理等都主要在母港进行，邮轮公司的总部或者分公司也大都设在母港。停靠港是邮轮航线上的节点，停留时间通常较长，一般停靠 4~8 小时。游客在停靠港可以上岸观光，邮轮可以进行一定的补给、补充或者废物处理。邮轮在小码头只会短暂地停留，一般停靠时间少于 4 小时，游客可以上岸观光，但邮轮基本上不在小码头增加补给。

目前，世界级的邮轮母港主要分布在北美、欧洲和东南亚地区，其中以美国的佛罗里达州和地中海区域最为集中。迈阿密港是目前世界排名第一的国际级邮轮港口。西班牙的巴塞罗那港是欧洲第一大邮轮港口。

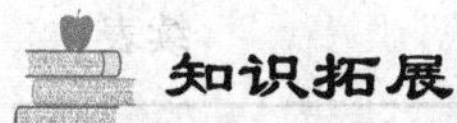
知识拓展

美国迈阿密邮轮母港

迈阿密邮轮母港享有“世界邮轮之都”的美誉，是目前世界上最大的邮轮码头。它拥有12个超级邮轮码头，可同时停泊20艘邮轮。嘉年华公司、皇家加勒比公司、丽星邮轮世界三大邮轮公司均在迈阿密设有总部或者分支机构，因此，该码头拥有全世界最大的全年航行邮轮船队。该邮轮码头离机场仅15分钟的车程，离市中心大型购物中心、酒店、餐饮区域也只有几分钟的车程。

迈阿密的两座邮轮客运枢纽站(Miami Cruise Port)拥有世界上最先进的管理设施系统，能够同时为8 400名游客提供服务。还拥有许多相关设施，如舒适的休息大厅、多个商务会议大厅、全封闭并加装中央空调的游客上船通道，以及完善的订票系统、安全系统、登轮查验系统和行李管理操作系统等；拥有能够容纳733辆汽车的车库。先进的信息化服务能够高效率指挥码头内部的交通，为游客出行提供近乎完美的服务。

(二)邮轮母港设计因素

一个优秀的邮轮母港，必须具备3个方面的要素：优良的自然地理区位条件；完善的对客服务接待设施；现代化的船舶接待设备等。以下就从这三个方面给予阐述。

1. 母港的自然地理区位条件

(1)水深和航道条件

一个地区要成为邮轮母港，必须具备良好的水深和航道条件，以及较长的海岸线。目前，世界主要邮轮母港的水深都在9米以上，平均水深达到了12米。随着现代超级豪华邮轮的不断涌现，邮轮的载客人数和吨位数在逐渐上升，为了适应未来邮轮大型化的发展，许多邮轮港口不得不进行重新规划。以下是世界主要邮轮港口的水深状况：(表2-1)

表2-1　世界邮轮港口水深

国际港口	水深(米)
纽约港	12.2
迈阿密港	12.8
伦敦港	11.5~14.6
巴塞罗那港	13.72

续表

国际港口	水深(米)
温哥华港	21
中国香港	11
新加坡港	10.6~14

(资料来源:《世界港口及内陆点索引手册》)

(2)产业环境因素

任何产业的发展,都离不开良好的产业环境,邮轮母港产业环境的好坏很大程度上决定了邮轮母港建设的成功与否。

首先,邮轮母港辐射区域经济实力的大小,是吸引邮轮母港建立的内在因素。目前,中国的三大邮轮母港:上海邮轮港、天津港、三亚港,它们除了都具备开发邮轮母港的自然地理环境之外,更重要的是这几个港口所在区域的经济发展水平都较高,人们的消费水平也较高。

其次,港口周边丰厚的旅游资源是母港建设评价中的一个重要条件。邮轮旅行,吸引游客的不是邮轮港口本身,而是旅游产品。因此,邮轮公司在选择目的地作为邮轮母港时,除了考虑港口的自然条件和母港的配套设施外,首先考虑的就是当地富有特色的旅游产品和旅游项目。

此外,邮轮母港一般都靠近市中心,区位条件也很重要。对内交通方面,母港周边要有方便、快捷的市内交通,以便能够满足周边景区的通达性。对外交通方面,母港应该有便利的与主要旅游目的地和客源地沟通的海陆空交通枢纽,港口只有具备了良好的通达性,才能为邮轮游客提供一个和谐的集散环境。

2. 母港的对客服务接待设施

邮轮港口对乘客的服务配套设施主要有停车服务、交通服务、住宿服务、行李服务等方面的设施。

(1)停车服务

邮轮母港是一个巨大的游客集散地,因为邮轮游客具有同时到达的特点,所以,为了避免在港口形成游客拥堵的局面,邮轮母港在规划建设时,必须合理地配置停车场,以便能够满足同时容纳大量车辆的要求。

(2)交通服务

交通服务设施,广义地来讲,是指邮轮港口所在城市的对外交通设施,具体包括公路、铁路、航空、水运等方面的设施。由于邮轮乘客来源广泛,而且,单艘邮轮的载客量往往可以接近大型客机的10倍,所以为了迅速地分散客源,必须形成港口与海、陆、空等交通工具的无缝对接,这样才能形成一个有序的港口环境。

(3)住宿服务

在旅游的六大要素食、住、行、娱、购、游中,“住”是最重要的环节。游客对于“住”的体验,可能会直接影响到将来其对产品的持续购买。由于邮轮航班是固定的,那些距离港口较远的游客,通常在邮轮旅行开始前或者结束后会在港口所在的城市住宿,所以,邮轮母港除了加强对其基础设施的建设外,对于酒店服务设施方面的建设也不能滞后。

(4)行李服务

国际邮轮都是跨境游客,所以行李都较多,游客一般可以携带2~3件行李。邮轮码头行李处理区的最小面积通常是每个游客1平方米,另外还要考虑进出通道、海关检查和休息室等所需要的面积,所以这个区域的占用面积较大,而且,还需要设有专门的行李处理设施。与机场游客需要自己托运行李不同,邮轮行李需要在验票前由客人送至行李处理区域,然后,在客人登轮后,由服务人员将其行李送至客人的房间。所以,在邮轮港口有一套完善的行李服务管理体系是游客轻松出行的保障。

3. 船舶服务设施

(1)泊位与码头

现代邮轮都有大型化发展的趋势,因此港口的水深、码头、泊位等应该迎合邮轮业未来发展的需要,这样才能满足邮轮全天候的自由进出。如新加坡国际邮轮中心有两个邮轮泊位,长度分别为310米和270米,水深12米。邮轮母港的推荐泊位一般为2~3个,最佳长度为400米,推荐长度为320米,最佳水深为10.7米。为了满足行李的运送和物资补给的需要,建议码头前方的作业地带的宽度不小于10米。

(2)登船桥

为了能让游客方便快捷地上、下邮轮,多数港口都采用登船桥的方式。现代的登船桥可以进行水平移动和竖直方向的调节,以适应潮位的变化和舱门位置的不同,使登船口与邮轮舱门保持对接。登船桥与航站楼相连,这样就形成了一个封闭式管理的上、下船客运通道。

游客为2 500人的邮轮,一般配备两个登船桥,超过2 500人的应配3个登船桥。为了满足不同的船型和邮轮可能大型化发展的需要,建议每个泊位尽量按照3个登船桥的数量预留。

(3)航站楼

航站楼是邮轮母港的必备设施,主要有以下功能区:旅客候船区、进出境及检疫区、安检区、行李处理区等。功能区的设置主要根据游客的需要,比较灵活。此外,为了满足游客多方面的需求,航站楼内还有购物、美食、水上运动、资讯等辅助型设施,随时为客人提供便利的服务。

(4)物资补给

邮轮母港给邮轮提供各种补给和物资运送服务,因此港口应配备合适的存储和作业区域。存储区域的规模应与邮轮旅客的人数、邮轮到港的频率以及港口是否以城市为依托有关。物资补给的作业区域应与乘客的休憩区分开,适当地隐藏起来,因为它会影响到港口的美观,会对港口的环境造成一定的冲击。

第二节　邮轮航线及港口

一、世界主要邮轮航线

从地理分布来看,全球港口主要分布在北美、欧洲、南美和大洋洲四大地区。凭借良好的区位优势和自然环境,北美和欧洲成为世界上邮轮航线分布最集中的区域。其中,加勒比海是全球航线分布最多的区域,地中海是全球船舶投放最多的区域。

(一)世界邮轮航线分布特点

1. 邮轮航线分布过于集中

目前,世界几大邮轮公司的航线主要分布在加勒比海、地中海、北美阿拉斯加、欧洲波罗的海以及东南亚等几大区域。其中,加勒比海是世界最大的邮轮航行区域,其次是地中海和欧洲,亚洲的邮轮业也正在崛起。(图2-1)

2. 邮轮航线短程化的趋势越来越明显

随着现代邮轮运营成本的上升,邮轮公司在设计航线时都在尽量考虑如何能最大限度地控制成本,同时又能兼顾不同消费群体的需求。于是,一些运营高端品牌的邮轮公司相继推出了一些较短的路线,一方面,可以使更多的人能够体验到其宣扬的奢华邮轮享受;另

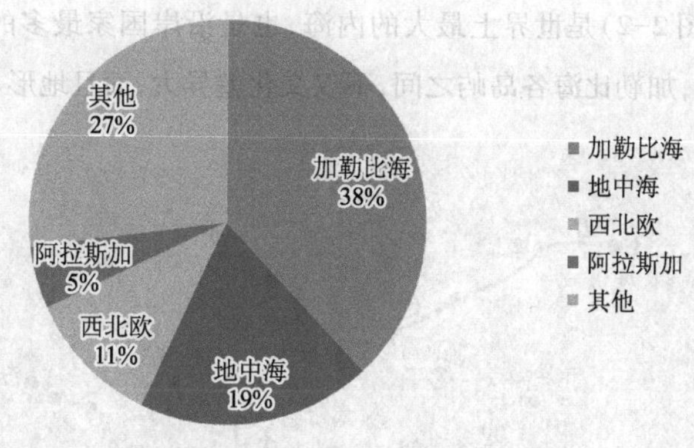

图 2-1 世界邮轮航线地区分布图

一方面,其相对较低的价格也可以使更多的人能够消费得起。而且,短线航线也正好与人们的假期相匹配。

国际邮轮协会发布的首份亚洲邮轮业发展趋势研究结果显示:"在亚洲,主要是短期邮轮游览。我们的报告显示,一周以内的邮轮游览占 2015 年总数的 81%。其中 2~3 晚居多,2016 年共计 425 航次。4~6 晚正快速增长,在两年内从 263 次增加至 367 次。"

3. 邮轮航线布局呈季节性的周期变化

由于区位及自然环境的影响,全球邮轮航线的季节性特征非常明显。在夏季,地中海、西北欧和阿拉斯加航线几乎占据了全球邮轮运营力的 2/3,原因主要是这几个区域的冬天都很寒冷,冬季洋面结冰,邮轮根本无法航行,适合航行的时间主要只集中在 4~10 月。而加勒比地区,由于纬度较低,属于显著的热带海洋性气候,终年温差不大,气温常年维持在 30℃左右,适合全年航行,所以冬天加勒比地区几乎占据了全球邮轮运营力的一半。

与此相同,全年温暖湿润的东南亚海域,也适合于全年航行;而中国沿海、日本、韩国航线,冬季寒冷,最佳的航行时间也只能在 4~10 月。

(二)全球主要邮轮航线

1. 北美邮轮航线

北美地区邮轮航线密布,主要可以分为几个大的区域:加勒比海地区、北美东北部地区、墨西哥太平洋沿岸、阿拉斯加地区。

(1)加勒比海地区

加勒比海(图 2-2)是世界上最大的内海,也是沿岸国家最多的大海,有 20 多个国家。受多种因素影响,加勒比海各岛屿之间,不仅文化差异大,而且地形、气候也千差万别。

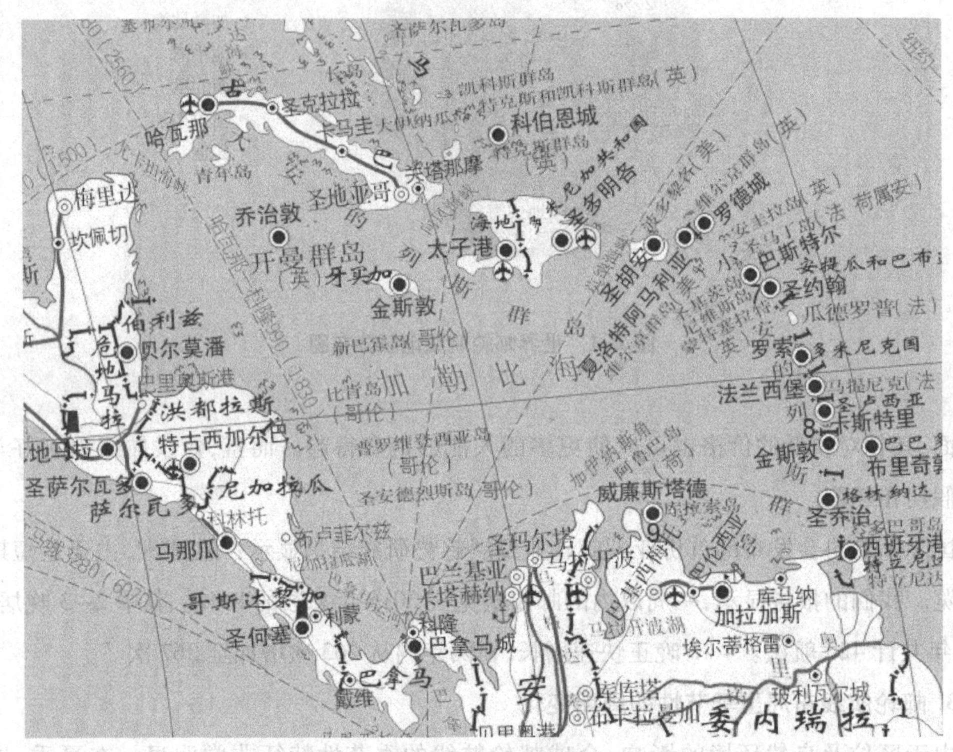

图 2-2　加勒比海区域

地图来源:国家测绘地理信息局网站。审图号:GS(2008)1424 号。

由于优越的自然地理条件,加勒比海地区一直以来都是海洋爱好者的天堂,目前也是世界上最受欢迎的邮轮旅游度假胜地。它主要有 3 条邮轮旅游线路:东加勒比海线、南加勒比海线和西加勒比海线。

东加勒比海一线,可以到达圣托马斯、圣马丁、海地、波多黎各、开曼群岛、维尔京群岛、大特克群岛、巴哈马群岛、安的列斯群岛、安提瓜等。

西加勒比海一线,可以到达墨西哥、洪都拉斯、伯利兹、牙买加、哥伦比亚、危地马拉等。

南加勒比海一线,可以到达多米尼加、格林纳达、圣汤姆斯、巴巴多斯、哥斯达黎加等。

如果旅游者有足够时间,也可以选择东西连走的全加勒比海航线,这样就能更深刻地体验不一样的加勒比海。

(2)墨西哥太平洋沿岸

在墨西哥太平洋沿岸的航线中,有以下比较典型的线路:

第一条是从洛杉矶或圣地亚哥出发,途经圣卡塔利娜,到达墨西哥恩塞纳达的往返线路。这是一条老少咸宜、全年运行的航线。许多初次体验邮轮游的游客选择这条线。

第二条是一条单程航线,主要在阿卡普尔科和洛杉矶或者圣地亚哥之间运行。这条线路主要在冬季运营,一般途经圣卢卡斯角、马萨特兰、巴亚尔塔港等港口。

最后一条航线是从阿卡普尔科出发,沿巴拿马运河航行,途经哥伦比亚、委内瑞拉,以及加勒比海等地区,是一条航程较远的线路,此线路一般航行时间为10~16天。

(3)北美东北部地区

这个区域的邮轮航线从春季末期开始运营,到秋季结束。每年的9月底到10月初,是美国和加拿大东北部枫叶最迷人的季节,邮轮公司会安排许多南上或者北下的线路,往返于纽约和蒙特利尔之间,带领游客观赏火红的枫叶。

在这条线路上,最常见的邮轮停靠点主要有:纽波特港、波士顿、巴尔港、圣约翰斯、哈利法克斯市、魁北克市等。

(4)阿拉斯加地区

阿拉斯加是远离美国本土的一个州,丰富的冰川资源和美丽的极地风光是这里的特色。每年的5~9月,是阿拉斯加最适合邮轮旅游的季节。在这里,有两条最重要的邮轮旅行线路:

其一,阿拉斯加内湾航线

内湾航线的起点是加拿大的温哥华或者美国的西雅图,终点在斯卡圭,一般航程需要7天。冰河湾是这条线路上最常去的景点,在这里可以观赏冰川入海。但由于阿拉斯加国家公园管理当局对每天进入冰河湾的邮轮有数量限制,所以有的邮轮也用其他景点来代替。

内湾航线主要在一长串的海岛之间航行,这一长串海岛就像一道天然的屏障,把航道与波涛汹涌的北太平洋隔开。崎岖的海角、陡峭的悬崖、秀丽的峡湾,是这条线上的美丽景致。主要停靠港口有凯奇坎、锡特卡、朱诺、斯卡圭等。

其二,阿拉斯加冰河湾航线

阿拉斯加一年中有246天可以在晴朗的夜晚看到北极光,其中阿拉斯加的费尔班克斯更赢得"北极光首都"的美称。另外,壮丽的冰河峡湾、多样的生态环境、宜人的气候等都吸引着旅游者来冰河湾游览。

这条线路从温哥华或者西雅图出发，终点是安克雷奇。除了在内湾航线的一些主要港口稍作停留之外，邮轮一直向北，经过冰河湾、哈伯大冰河、科利智峡湾、威廉峡湾等。其中学院冰河是整个阿拉斯加海湾邮轮航行线路中的亮点。

2. 欧洲邮轮航线

欧洲是目前世界第二大的邮轮旅游目的地。悠久的历史、灿烂的古文化、丰富多彩的古建筑以及欧洲人浪漫的生活方式等，都是各国邮轮爱好者选择欧洲邮轮游的理由。在这里，乘坐邮轮，可以到达欧洲大陆的大部分城市。主要分为以下邮轮旅游区：

(1)地中海邮轮区域

地中海(图2-3)是世界最古老的海之一，其西端通过直布罗陀海峡与大西洋相连，最窄处仅有13公里；东北部以土耳其海峡连接黑海；东南部通过苏伊士运河与红海相通。地中海沿岸，夏季炎热干燥，冬季温暖湿润，是典型的地中海式气候。西西里岛与非洲大陆之间有一海岭将地中海分为东、西两个部分，因此，地中海区域的邮轮航线也被分成了东、西航线。

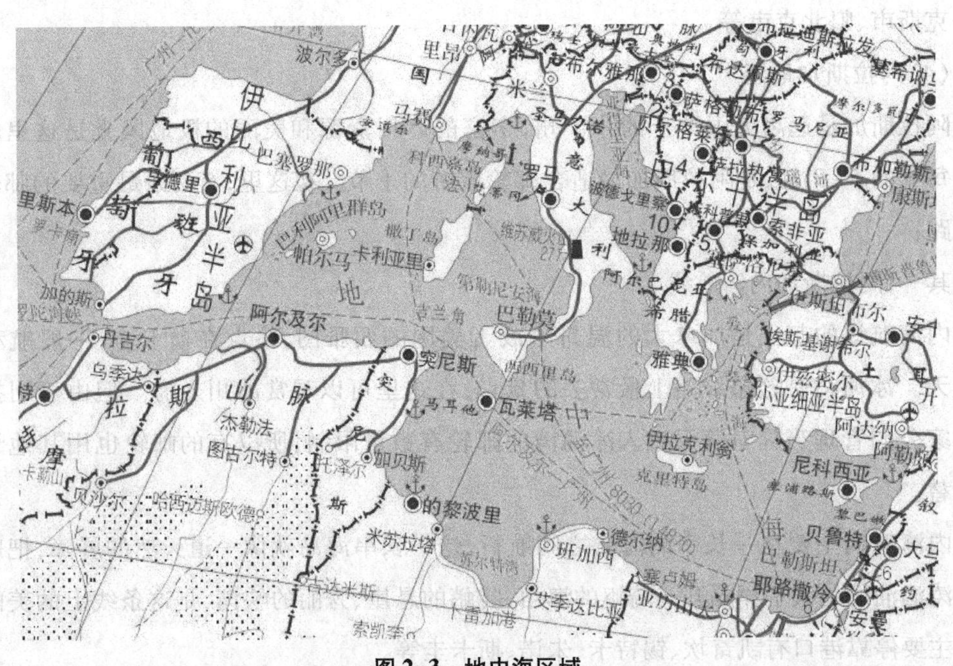

图2-3　地中海区域

地图来源：国家测绘地理信息局网站。审图号：GS(2008)1423号。

其一，西地中海航线

西地中海邮轮游中，最受欢迎的登船和登陆港口有西班牙的巴塞罗那、法国的勒阿弗尔、意大利的罗马、巴利阿里群岛、直布罗陀海峡、科西嘉岛、马耳他等。非洲的摩洛哥有时候也会被划归为此条线路。另外，它还途经比利时的布鲁塞尔、英国的伦敦、希腊的雅典、法国的巴黎、苏格兰的爱丁堡等一些重要城市。

其二，东地中海航线

东地中海航线的起点一般是威尼斯、雅典、伊斯坦布尔等。其中，希腊、科孚群岛、米科诺斯岛、克里特岛、圣托里尼岛、罗得岛等是这个区域最受欢迎的旅游目的地。

圣托里尼岛是这个地区最有特色的景点，这里到处是白墙蓝顶的教堂。据历史记载，圣托里尼岛曾多次爆发火山，最近的一次发生在1956年。

知识拓展

地中海邮轮“幻想曲号”——地中海、北非摩洛哥12天11晚邮轮线路

详细行程：

第一天，上海。搭乘国际航班飞往意大利的米兰，抵达后入住酒店休息。

第二天，热那亚。驱车前往热那亚港口，下午2:00左右办理登船手续，在船上用午餐，开始浪漫、奢华的地中海邮轮旅程。

第三天，海上巡游。这里可以观赏高迪匠心独具设计的居埃尔公园、已动工100年但迄今仍未完成的高迪的代表作神圣家族大教堂、西班牙各地建筑风格之缩影的西班牙村、1992年巴塞罗那奥运会场、哥伦布纪念塔。如果漫步哥特区、国王广场，还能看到巍峨壮观的巴塞罗那大教堂。

第四天，海上巡游。可以享受现代化的游乐设施：大剧院、夜总会、歌舞厅、酒吧、游泳池、健身房、赌场、儿童乐园、美容院、图书馆、免税商店街等。

第五天，卡萨布兰卡。抵达后游览北非谍影之城卡萨布兰卡，参观世界上现代化程度最高的哈桑二世清真寺外观。

第六天，马拉加。一座历史悠久的世界性都市，太阳海岸的心脏。

第七天，阿利坎特市。是西班牙瓦伦西亚大区阿利坎特省的省会，地处西班牙发达的东南沿海，是一座美丽的港口城市。

第八天，海上巡游。

第九天，奇维塔韦基亚。这里有世界上最小的教皇国——梵蒂冈，可以参观全世界最大的教堂——圣彼得大教堂。还有专为野蛮的奴隶主和流氓们看角斗而造的罗马斗兽场。

第十天,热那亚。抵达港口后,驱车前往机场飞往巴黎。抵达巴黎后,前往美丽的塞纳河畔观光。

第十一天,巴黎。在巴黎观光。晚上前往机场,搭乘航班返回上海。

第十二天,上海。抵达上海,行程结束。

(2)大西洋沿岸区域

大西洋沿岸的邮轮航线,一般都途经西班牙、葡萄牙、法国、爱尔兰和英国。其中,一条较长的线路是从西班牙南部海岸的马拉加出发,绕行到葡萄牙的里斯本,然后继续北行至法国的波尔多,终点是英国的伦敦。另一条线路较短,起点是葡萄牙的里斯本,终点是巴黎北部的勒阿弗尔。

(3)大不列颠、爱尔兰和北海区域

这里是欧洲经济、文化、城市发展都比较好的地区,所以这一区域的邮轮航线变化多样。有的航线是环绕大不列颠,有的则环绕爱尔兰。最常见的线路是从英格兰出发,途经的国家或者城市有比利时、荷兰的阿姆斯特丹、德国汉堡、挪威、丹麦等。这一区域,由于纬度较高,所以航线的季节性很强,最佳的游览时间是5~9月。

(4)波罗的海区域

这个区域有两条比较典型的航行线路:

其一是从德国的汉堡或者丹麦首都哥本哈根出发,途经瑞典的斯德哥尔摩,最后到达俄罗斯的圣彼得堡。这条线路所经过的城市并不太多,但个个经典。汉堡是德国的第二大城市,也是欧洲拥有桥梁最多的城市,被誉为“水上城市”。哥本哈根是旅游者的天堂,也是娱乐者的天堂。斯德哥尔摩是瑞典首都,是著名的旅游胜地,整个城区分布在14座岛屿和一个半岛上,由70多座桥梁把这些岛屿连为一体,因此享有“北方威尼斯”的美誉。

另一条线路是从俄罗斯的圣彼得堡出发,偏南航行进入波罗的海三国:立陶宛、拉脱维亚和爱沙尼亚。维尔纽斯是立陶宛首都,它是一座千年古城,也是欧洲最大的古城之一,城内有1 500座左右的古建筑,被列入《世界遗产名录》。拉脱维亚是东北欧的小国,首都里加因其旧城内丰富的历史文化遗产也被列入《世界遗产名录》。塔林是爱沙尼亚的首都,是这波罗的海三国中最美的城市之一。

3. 亚洲邮轮航线

在世界邮轮旅游市场中,亚洲市场最年轻,也是发展最快的一个市场。凭借其丰富的旅游资源和近些年不断新建的港口,亚洲地区已经逐渐成为全球主要的邮轮旅游目的地。

一些大的国际邮轮公司为了自身开拓新市场的需要，也在逐渐向亚洲市场转移运营力，目前，丽星邮轮、嘉年华邮轮、歌诗达邮轮已经成为亚洲邮轮市场的主力。

(1)东北亚邮轮区域

东北亚，是指亚洲的东北部地区，大致包括俄罗斯的东部地区、中国的东北和华北地区、日本、韩国、朝鲜、蒙古等。东北亚旅游资源相当丰富，不仅有着优美的自然风光，而且其带有神秘色彩的东方文化也是一大特色，中国、日本、韩国等是这片邮轮市场的中流砥柱。

目前，这个区域的邮轮航线，一种是从中国的上海或者天津出发，环绕日本、韩国的部分港口后返回的航线；一种是以日本为始发港，到中国港口为止的邮轮航线。

主要途经的港口，中国有上海、天津、连云港、青岛、舟山、威海、石岛、秦皇岛等；韩国有济州、仁川、釜山等；日本有福冈、长崎、鹿儿岛、大阪、神户、横滨等。

(2)东南亚邮轮区域

东南亚位于亚洲的东南部，包括中南半岛和马来群岛两大部分。该地区共有 11 国，即越南、老挝、柬埔寨、缅甸、泰国、马来西亚、印度尼西亚、文莱、菲律宾、东帝汶、新加坡。目前，新加坡、泰国、马来西亚、印度尼西亚等几国在东南亚邮轮市场上占据着主导位置。

东南亚的邮轮航线，有的也在中国的三亚、海口、香港、台湾等地的港口停留；有的只是在新加坡、马来西亚、印度尼西亚、菲律宾的一些岛屿中往来穿梭；以泰国、越南、新加坡为节点的一些航线，把印度、斯里兰卡、马尔代夫的一些港口也连接在了一起。总之，东南亚地区的邮轮航线丰富多彩，游客不仅可以品尝到与众不同的美食，感受到带有异域风情的文化，还能呼吸到来自大洋的新鲜空气。

4. 中、南美洲邮轮航线

中美洲是指墨西哥以南，哥伦比亚以北的美洲大陆中部地区，是连接南美洲和北美洲的狭长陆地。南美洲位于西半球的南部，一般以巴拿马运河为界，与北美洲相分。

中美洲是世界最主要的生态旅游目的地之一，这里通常是巴拿马邮轮旅游或西加勒比邮轮旅游线路中的重要节点，在这里，不仅可以领略到中美 5 国的独特风情，还可以探索被誉为“世界七大奇迹之一”的巴拿马运河。

南美大西洋沿岸的邮轮航线颇受欢迎。最典型的线路是从波多黎各的圣胡安或者巴西的里约热内卢出发，沿途停靠圭亚那的魔鬼岛，途经贝伦、累西腓和萨尔瓦多等巴西城市。还有部分线路是沿亚马孙河逆流而上，一路到达巴西的马瑙斯。

知识拓展

中、南美航线是所有邮轮航线中行程难度最高的一条,航线可以环绕整个南美洲一圈,经过巴西、乌拉圭、阿根廷、智利、秘鲁等南美洲国家。正因为其行程的壮观,也为这条航线赢得了非凡的口碑和名誉。

航程不仅能让人领略到整个南美洲的独特自然风光,尽享不同国家浓郁的南美洲热情奔放的民风民俗,最主要的是航线将绕行著名的合恩角及穿越麦哲伦海峡,这里曾是标志着伟大航海先驱们首次环球航行的里程碑,也是人类航海史上最为壮丽的地点。(资料来源:芒果网)

5. 太平洋航线

太平洋是位于亚洲、大洋洲、美洲和南极洲之间的世界上最大、最深、边缘海和岛屿都最多的大洋,也是邮轮航线最活跃的水域之一。主要邮轮航线有:

(1)夏威夷、大溪地航线

夏威夷是夏威夷群岛中最大的岛屿,又称大岛,有丰富的火山活动,设有火山国家公园,华人又称火山岛。目前,夏威夷最热门的航线是夏威夷四岛全景10日游,这条航线可以游遍夏威夷瓦胡岛、比格岛、毛伊岛和考爱岛四岛。比较适合第一次去夏威夷的深度游旅游者,也适合度假、蜜月旅行。

大溪地,又名塔希提岛、有爱之岛,是南太平洋上的波利尼西亚群岛118个岛中最大的岛。大溪地,形状从空中鸟瞰像一条鱼,鱼头、鱼身被称为“大塔西提”,鱼尾叫“小塔西提”,因其秀美的热带风光、环绕四周的七彩海水,而被称为“最接近天堂的地方”。塔希提岛阳光明媚,气候宜人,一派绮丽的热带风光,又被誉为“太平洋上的明珠”和“世界乐园”。比较典型的邮轮航线有公主邮轮“黎明公主号”的南太平洋—塔希提岛的37晚38日单程航线,起点是澳大利亚的布里斯班,终点是悉尼,停靠港有火奴鲁鲁/檀香山、毛伊岛、考爱岛、凯卢阿、希洛、莫雷阿岛、博拉博拉岛、奥克兰等。

(2)澳大利亚、新西兰航线

这里是南太平洋上的珍珠,美丽的海滩、一望无际的蔚蓝大海,还有钟灵毓秀的岸上风光,每一处都饱含悠久的历史与多彩的文化。这个区域的邮轮航线非常丰富,比如,荷美邮轮“诺丹号”澳洲新西兰—南太平洋航线,它是这个区域的热门航线,从悉尼往返,航行天数15天,停靠的港口有:杜拉凡尼岛(斐济)、劳托卡(斐济)、卢甘维尔(瓦努阿图)、努美阿

(新喀里多尼亚)、神秘岛(瓦努阿图)、苏瓦(斐济)、维拉港(瓦努阿图)、悉尼(澳大利亚)。

二、中国主要邮轮港口

(一)上海国际邮轮港

1. 上海国际邮轮港的区位优势

上海东临东海,南临杭州湾,位于长江三角洲的中心,又是长江的入海处,具备建设国际邮轮母港的天然地理区位优势。上海是中国近海邮轮航线和亚洲邮轮航线的中心,以上海为圆心,豪华邮轮可以48小时到达韩国、日本、新加坡、中国香港、中国台湾等的任何一个地方。而且,从上海所处的纬度来看,也可以根据季节的变化,最大限度地开发适合各个季节的邮轮航线。例如,夏季可以开发中国北部沿海至韩国、日本的航线;冬天可以重点开发中国南部沿海至东南亚的航线。

2. 上海港的3个国际邮轮港口

目前,上海港已经形成了"一港两码头"的国际邮轮母港组合,其中,上海港国际客运中心主要用于接待吨位较小的邮轮,吴淞口国际邮轮码头则停靠7万吨级以上的国际邮轮,两个邮轮港口功能互补,相得益彰。

(1)上海港国际客运中心

上海港国际客运中心,又名"一滴水",位于黄浦江西岸,靠近外滩,拥有880米长的黄金沿江岸线,与东方明珠电视塔隔江相望。上海港国际客运中心是一个集邮轮码头和商业办公为一体的综合商务开发项目。

上海港国际客运中心码头总投资2.6亿美元,有3个可停靠7万~8万吨级大型邮轮的泊位。年靠泊船舶500艘次,客运量100万人次。2008年8月5日,上海港国际客运中心投入试运营。就在同一天,意大利歌诗达邮轮公司旗下的"爱兰歌娜号"成为"一滴水"的首位客人。之后,世界三大邮轮集团嘉年华邮轮、皇家加勒比邮轮、丽星邮轮纷纷在上海设立办事机构。

上海港客运综合楼改建后正式对外开通启用,成为上海邮轮母港建设的重要标志,标志着"中国邮轮经济"迈入一个新的发展时期。

(2)上海吴淞口国际邮轮码头

上海吴淞口国际邮轮港位于上海吴淞口长江岸线的炮台湾水域,即长江、黄浦江、蕴藻浜三江交汇处,目前已是亚太地区最为繁忙的国际邮轮母港,并已超越纽约成为世界第八大邮轮母港。

吴淞口国际邮轮码头具有天然的水深优势、独特的自然和人文资源以及比较完善的市政、服务等配套设施。港口前沿航道水深常年保持在 9 至 13 米，距离长江主航道 1 至 2 公里。港口规划岸线总长 1 500 米，一期岸线长度 774 米，建有两个大型邮轮泊位，同时可停泊 1 艘 10 万吨级邮轮和 1 艘 20 万吨级邮轮。二期工程建成后，还将增加两个 10 万吨级以上的泊位。

邮轮港于 2008 年 12 月 20 日开工建设，于 2011 年 10 月 15 日举行开港仪式。开港后停靠的第一艘邮轮是 11.6 万吨、搭载 2 700 多名游客的“钻石公主”号。

吴淞口邮轮港包括引桥、水上平台、客运大楼和码头 4 个部分。邮轮港客运大楼的外形犹如一个巨大的银色贝壳，也像一只巨大的眼睛，因此有“东方之眼”的美誉。

（二）天津邮轮港

天津国际邮轮母港位于天津港东疆港区南端，与东疆保税港区毗邻，总建筑面积 160 万平方米，岸线长 2 000 米，规划设立 6 个泊位。第一期开发面积 70 万平方米，计划建设两个大型国际邮轮泊位及配套客运站房，码头岸线长 625 米，可停靠目前世界上最大邮轮，设计年旅客通过能力 50 万人次。

2010 年 6 月 26 日，天津国际邮轮母港正式开港。目前，天津国际邮轮母港的建设已接近国际水平，且在中国的邮轮港口城市排名中位居第二。2014 年，意大利歌诗达邮轮公司“维多利亚号”、皇家加勒比邮轮公司“海洋航行者号”、海航公司、渤海轮渡均以天津港为母港运营航线，天津国际邮轮母港成为中国内地唯一同时拥有 4 家邮轮公司运营母港航线的港口。

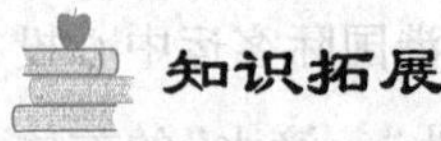

知识拓展

天津国际邮轮母港最大登船桥可伸缩 60 米

在天津国际邮轮母港的客运大厦与码头之间，有一座巨大的登船桥，这是目前国内最大的登船桥，可以向左、向右移动大约 30 米，最高可以升到距离地面 13 米的高度，前后均可自由伸缩，最长能达到 60 米，可直接与邮轮甲板对接，既可以适应不同吨位的邮轮，也能够很好地适应潮位变化。

邮轮母港所使用的登船桥是由 A380 机位登机桥改造升级的，旅客通过玻璃侧壁通透式连接廊道可以一边欣赏美丽的岸线景观，一边步入二楼的候船大厅，不需要上、下邮轮舷梯，也不会被日晒雨淋。这是天津国际邮轮母港的第一登船桥，于 2010 年 6 月调试成功并投入使用。2015 年 6 月,母港的第二登船桥也投入使用,进一步提升了天津港国际邮轮接待效率和综合服务能力。

(三)厦门邮轮港口

厦门港地处金门湾和九龙江出海口,港口面向东南,由青屿水道与台湾海峡相连。港口外有金门、大担岛、浯屿岛等岛屿作为屏障,避风条件好,各种船舶出港不受潮水限制,目前为我国的邮轮母港之一。

厦门国际邮轮中心码头于 2008 年正式投入使用,岸线长 463 米,可停靠 14 万吨级大型邮轮。2009 年 5 月,厦门国际邮轮中心改名为"厦门海峡邮轮中心",定位为区域邮轮母港,同时也接待国际邮轮。

2011 年 10 月 19 日,皇家加勒比邮轮公司旗下的"海洋神话号"从厦门母港出发,直航中国台湾,开启了厦门邮轮产业的新篇章。2012 年 6 月,又接待了 13.8 万吨级的亚洲最大豪华邮轮"海洋航行者"号的首次靠泊。随着 2015 年 16.8 万吨级"海洋量子"号和 2016 年年底计划来厦的 16.8 万吨级"海洋赞礼号"的到来,对厦门邮轮母港的接待能力也提出新要求。

从 2016 年下半年开始,厦门母港进入二期泊位改建工程阶段,计划总投资上百亿,预计 5 年完工。改造岸线总长度 1 432 米,建设 4 个泊位,分别为 1 个 15 万吨级、2 个 10 万吨级邮轮泊位和 1 个滚装泊位,并对配套水域进行相应改建,部分岸线水工结构设计满足 22.5 万吨级世界最大邮轮靠泊。

(四)香港邮轮港口

中国香港邮轮港口目前是亚太地区第三大邮轮母港,主要竞争对手是新加坡和马来西亚。由于中国香港连接着东亚和南亚,尤其是可以直通中国内地的独特地理区位优势,以及"自由港"的定位,使得游客可以很方便地出入境,因此,邮轮公司都把中国香港设定为亚洲航线或者环球邮轮航线的"必停港"。

香港的邮轮码头主要有海运大厦码头、新建的启德邮轮码头、招商局码头和货柜码头。香港的 4 个码头,可以停泊不同种类、不同大小的邮轮。海运大厦码头兴建于 20 世纪 60 年代,由九龙仓第一号码头改建而成,之后进行了 3 次翻新。它呈长方形,长 380 米,宽 75 米,可以同时停泊两艘大型邮轮或 4 艘小型邮轮。招商局码头位于香港岛的西区,码头位置便利。货柜码头位于新界葵青区。

启德邮轮码头于 2009 年 12 月动工,首个泊位码头于 2013 年启用,可停泊长 360 米、总吨位22万吨的大型邮轮。第二个泊位2014年落成。启德邮轮码头建成后,成为维多利亚港的又一重要地标,可停泊目前世界上最大的邮轮。

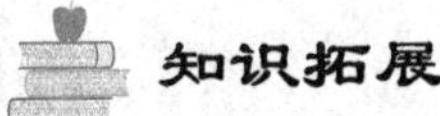

知识拓展

CNN预测2015年十大最热门邮轮线路

美国有线电视新闻网(CNN)2014年12月24日报道特邀顶级邮轮专家分享了他们的经验。以下是专家们向邮轮爱好者强烈推荐的10条新航线和相应邮轮信息。

一、阿拉斯加梦幻邮轮:遇见野生动物

阿拉斯加梦幻邮轮2015年最大的改变就是它大幅提升的推动力。此外,因为这条航线的出发时间正值动物迁徙的最佳季节。它的另一个亮点就是,游客们可以搭乘一艘小型的船只近距离观赏野生动物。

二、风之星邮轮:"星之微风号"

作为风之星邮轮船队的新成员,"星之微风号"邮轮一开始就受到了欧洲喜欢邮轮的游客们的热捧。首选的航线是为期10天的西西里巡航。这次航线途经地点有罗马、卡塔尼亚、瓦莱塔、戈佐、特拉帕尼、索伦托和卡普里岛。"星之微风号"邮轮最多能容纳212位旅客。

三、维京邮轮:"维京之星号"

维京邮轮航线途经的大多是欧洲的北方城市,包括卑尔根、斯德哥尔摩、圣彼得堡、赫尔辛基、塔林、格但斯克、柏林、哥本哈根和斯塔万格。但它却是最令邮轮专家们感到兴奋的船只,因为这是维京邮轮的第一艘远洋舰。

四、公主邮轮:日本自由行

日本一直是欧美游客的理想目的地之一。在2015年公主邮轮共有两条途经日本的航线。一条是在5月份的日本、中国台湾之旅,为期16天。另一条航线是9月份的日本、中国、东南亚之旅,为期11天。

五、皇家加勒比邮轮:"海洋量子号"

出于吸引更多的亚洲游客的目的,"海洋量子号"的总部建在上海。这次时长为5晚的"亚洲之旅"将于2015年8月3日从上海出发,途经地点包括日本福冈、韩国釜山等。

六、法国庞洛邮轮公司:"LeLyrial号"邮轮

对于热爱邮轮的旅客们来说,这是一次充满探险精神的豪华航行。它的行程在8月起

航，出发地为雅典，在第 7 夜到达杜布罗夫尼克。这段旅程最吸引人之处在于那段克罗地亚海岸的巡航。

七、Uniworld 内河邮轮：尼罗河航线

这家邮轮公司曾经因为埃及的动乱把埃及排除在航线以外，而在 2015 年10月它将重新启动尼罗河之行。旅客们可以在 12 天内尽情享受奢华的住宿体验，亲密接触埃及的文化。

八、P 邮轮："大不列颠号"

P 邮轮新投入运营的"大不列颠号"上配备有世界级厨师，旅客们可以借机向他们亲自请教烹饪的独家秘籍。"大不列颠号"类似这样的船上烹饪培训班为英国邮轮首创。

九、温迪吴邮轮：伊洛瓦底江航线

缅甸是一个古老的国家，到处都分布着历史的遗迹。这次为期12天的巡航会经过拥有百年历史的曼德勒阿瓦宝迦雅寺、世界上最长的柚木桥——乌本桥和分散有 2 000 座佛教建筑的蒲甘。

十、挪威邮轮公司：挪威逃生航线

挪威邮轮公司已在 2015 年推出挪威逃生航线。它最受欢迎的邮轮航线是东加勒比的行程，其出发点为迈阿密。

（资料来源：http://you.ctrip.com/news/list-lvyou/12918.html）

问题设计：

1.设计国际邮轮航线时，需要考虑哪些因素？

2.目前国际邮轮航线的布局有何特点？

3.作为一个优良的邮轮母港，必须具备哪些方面的优势？

4.分析中国发展邮轮业的优势和劣势。

第三章

邮轮客房服务管理

本章导读

客房部是邮轮重要的职能部门，它负责管理邮轮所有的客房事务，为宾客提供舒适、清洁的房间以及优良的服务产品。邮轮客房服务质量直接影响宾客对邮轮产品的满意度，是邮轮整体服务水准的重要保证。

学习目标

通过本章，可以了解邮轮客房的分类，熟悉员工职责；熟知邮轮客房的清洁标准，掌握邮轮客房的清洁程序；熟悉宾客类型，逐步掌握对客服务的标准和要求；了解并熟悉特殊宾客的服务规范及注意事项。

第一节　邮轮客房概述

客房是邮轮的基本设施，是供宾客住宿、休息、会客的主要场所。客房部不仅为宾客提供干净、舒适、优雅的住宿环境，同时承担着公共区域卫生清洁、客房内设施设备的维修、保养以及宾客住宿期间的各项服务及安全保障等方面的工作。

一、邮轮客房分类

邮轮就是一座移动的豪华酒店,客房和酒店一样类型多样,设施齐全。按照不同宾客的住宿需求,邮轮将客房的等级、类型、特色进行划分,从而按照不同的价位提供给宾客。即使同种类型的客房,价钱也会有分别,邮轮公司会根据房间所在楼层,前、中、后位置,房间面积甚至阳台大小等因素,将房间分为 A、B、C、D 四个等级,然后以不同价格出售船票。这些房型通常可入住 2 至 4 名乘客。

(一)按客房房间内床位设置划分

1.单人房(Single Room)

不可分标准大床,可住一个大人带一个未成年孩子,第二人收费标准参考家庭房按照第 3 人、第 4 人标准收费。

2.双人房(Double Room)

通常称标准间(Standard Room),房内有两张单人床,也可合并成一张大床,每间客房可容纳两名乘客。

3.家庭房(Family Flat)

有些邮轮会根据需要设置三人或四人床位的房间,一般三、四人的房间,会有沙发床或下拉床或少数上、下铺。大部分三、四人房的房间布局、面积与双人房是没有区别的,只是在晚上需要把下拉床拉下来或铺好沙发床。三、四人床一般是为儿童准备的,供三口之家或四口之家使用。

还有一些度假型邮轮会设计少量套房,即可入住多人(多于 4 人)的房间,如“量子号”的家庭连通房最多可入住 10 人,该房型由 1 间标准套房、1 间阳台房及 1 间单人内舱房组合而成,3 间房共用一个独立入口和门廊。

(二)按客房房间方位朝向划分

1.内舱房(Inside Room)

内舱房设在邮轮客房整体的中间部位,没有窗户,关灯后分不清白昼黑夜。一般情况下,这种类型的客房房间的售卖价格较其他房型的客房便宜一些。随着科技的发展,也为了让游客有更好的视觉体验,有的邮轮公司在内舱房设计了虚拟窗户。如美国皇家加勒比邮轮公司的“海洋量子号”,在内舱房窗户的位置安装了一块 LED 屏幕,实时显示邮轮在大海上的航行画面,使入住此房间的游客就好似住在了海景房里一样。根据房间内床位和面积的设置,内舱房一般分为单人房、双人房和家庭房。

2.海景房(Ocean View Room)

海景房有窗户,窗户的形状或圆或方,宾客能够透过窗户看到浩瀚的大海。但一般情况下窗户是双层、真空而且不能打开的。此房型根据面积大小和床位的设置,可分为单人房、双人房、家庭房和豪华房,价格比同规格的内舱房要高。

3.海景阳台房(Outside with Balcony Room)

带阳台的海景房,俗称海景阳台房。房间内部空间比较宽敞,卧室与阳台之间设计有落地玻璃移门,阳台上还会摆放两把凉椅和一个茶几,宾客坐在自己房间内的阳台上就可以看到浩瀚的大海。阳台房的位置、楼层通常都比较好,一般都在5、6楼以上。此房型的价格较高。根据可住人数和面积,通常分为单人阳台房、标准阳台双人房、家庭阳台房、豪华阳台房等类型。

4.海景套房(Outside with Balcony Room Suite)

和阳台房相比,套房的面积更大,设施更齐全,有些套房还设有私人酒吧和钢琴,功能区的划分也更清晰。但套房的价格是所有房型中最贵的,而且楼层可能更接近顶楼的甲板,有时会感觉有些喧闹。许多船最贵的大套房都设在船尾,理由是这个位置打开阳台门就能看到风景而不用喝当头风。不过,这个位置却是最吃海浪的位置。根据客房面积、阳台面积和可住人数,套房可分为标准套房、家庭连通房、豪华套房、复式套房等房型。

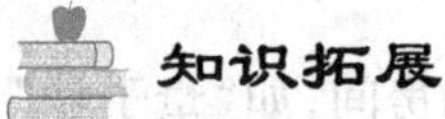

知识拓展

残疾人(无障碍)客房(Room for Disable)

为了方便残疾宾客入住邮轮客房,一些大型豪华邮轮在客房设计时,也会考虑到为残疾人提供特殊服务的客舱房间,房间内的一切设施设备都以方便残疾宾客使用、休息、活动和出行为目的。

客房一般会选择在离邮轮楼层电梯口较近的位置,门的宽度不小于0.9m,保证宾客出入无障碍。在门的不同高度分别安装窥视器和帮助召唤的电子铃等。客房内床的两侧装有短的扶手,方便起卧。窗帘、电视、空调等也都采用电动遥控的装置。房内设施、家具一般不高于1.2m。

这类客房与标准客房最大的区别在洗手间,洗手盆两边加装了扶手,淋浴间与卫生间之间没有间隔，并在两边都加装了扶手。轮椅可在洗手间里自由转动。在洗手间和床头还增设了紧急报警按钮。

此外，房间增设了声光报警器，方便听力残疾宾客识别。

二、邮轮客房组织结构和岗位职责

（一）组织结构

科学、合理的岗位设置是客房部提高服务质量和有效运行的重要保障，一般情况下，客房部主要分为以下3个机构：

1.客房服务中心

邮轮客房服务中心是邮轮客房部管理的主导模式，是邮轮客房部对外服务管理和客房部内部管理信息传递及人员协调的枢纽。它是将邮轮客房部各楼层的对客服务工作集中在一起，并与楼层工作间及邮轮先进的通信联络设备结合在一起共同构建的一个完善的对外服务网络系统。邮轮客房服务中心的日常事务包括：负责统一调度对客服务工作，正确显示客房运转状况；负责邮轮客房部门所有钥匙、内部房卡的发放、回收和保管工作；负责员工的工作安排、考勤统计与管理；负责与相关部门联络，协调各部门间的工作等。

2.房务部

房务部主要负责客房内的服务工作。客房楼层区域由各种不同房型的客房组成，是宾客休息的场所。每一层都设有工作间，便于服务员工作。客房服务员的任务是负责客房及楼层的设施设备的管理以及简单维修、保养；负责客房及辖区的清洁卫生、房间用品的更换以及为宾客提供相应的需求服务。

3.公共区域

邮轮公共区域一般称为PA，主要负责邮轮接待大厅、餐厅、公共洗手间、电梯间、楼梯、甲板区域以及门、窗等公共区域的清洁卫生；负责客房楼层区域的地毯、家具的清洁和保养工作；负责公共区域的设施设备、工艺品、装饰花卉的清洁和保养；负责邮轮公共区域日常设施设备的使用、维护及保养工作等。

（二）岗位职责

由于邮轮客房部的人员繁多、分工复杂，为了对客房部管辖范围内各岗位员工进行合理评估，有必要编制出系统化、标准化的岗位职责，这也是对各岗位员工进行合理评估的重要依据。

1.邮轮客房服务中心文员

主要职责是负责邮轮客房服务中心的日常工作，需要做到：

①熟悉邮轮所有客舱的房型、设施与其他服务，及时、准确做好信息传递工作，随时为宾客提供各项服务。

②受理宾客的服务要求，将宾客的要求等信息准确、及时地反馈给相应的客房人员，保持与邮轮其他部门的密切联系，确保为宾客提供高效率的客房服务。

③准确、迅速地做好所有电话记录。

④随时掌握房态，准确、及时、无误地将已登船或已离船宾客的房号和客房资料输入电脑，并与前台保持密切联系。遇有特殊事项时，及时向主管报告。

⑤负责客房所有领用的钥匙（楼层卡）的登记、保管工作，严格执行钥匙（楼层卡）的领发制度。

⑥负责有偿用品的销售和入库登记保管，负责宾客遗留物品的登记和保管。

⑦整理宾客投诉报告，并向客房部主管进行汇报，同时做好相应的记录。

⑧做好维修记录，及时与邮轮工程维修部门进行跟进，负责客房内设施设备维修的统计，及时更改和填写维修情况。

⑨保管邮轮客房部各种设备、用具、用品，编写建档，定期清点；负责整理客房楼层客用品的申领工作。

⑩负责客房部员工考勤记录、假条管理、客房服务中心档案及信息资料的保管，准确无误地做好交接班记录及各项登记工作，并向客房部主管汇报交接记录内容。

⑪完成客房部主管交代办理的其他工作。

2.邮轮客房服务员

主要职责是负责客舱楼层区域和客房内的服务与管理，岗位要求如下：

①负责邮轮客舱服务区域内的清洁保养及房间的布置工作，及时整理、清洁、更换各种客房用品；提供临时客房房间的整理和开夜床服务。

②负责宾客进入客舱的迎接、指引工作，宾客下船时，及时查看客房房间内设备物品是否齐全或有无损坏，发现问题及时向客房部主管和宾客接待服务台报告。

③主动向宾客介绍邮轮的服务项目、设施的使用方法和功能，回答宾客提出的问题，帮助宾客解决困难。

④负责宾客在邮轮住宿期间的洗衣服务工作。

⑤负责邮轮客房房间内小酒吧消耗情况的清点、开账单及调换、存放、补充工作。

⑥负责管理邮轮客舱楼层通用卡及客舱楼层的物资,合理调配客用消耗品;做好客舱日常设施设备的使用及保养工作,发现问题及时上报,确保设施设备的正常使用。

⑦熟练掌握业务技能,为贵宾、残障及患病宾客提供有针对性的服务。

⑧及时向邮轮客房部主管报告楼层区域情况,认真填写每日工作记录。

⑨协助做好客舱区域楼层的安全工作,完成客房部主管交办的其他工作。

3.邮轮公共区域清洁员

主要负责邮轮公共区域内的清洁和保养工作,岗位职责如下:

①按照服务质量标准负责邮轮公共区域内的清洁、保养工作,及时整理、清洁、更换公共卫生间内的用品。

②负责协助宾客登船、下船时的迎接、指引、行李搬运工作。

③负责做好邮轮公共区域日常设施设备的使用、维护及保养工作,发现问题及时上报维修,确保设施设备的正常使用。

④熟练掌握邮轮服务礼仪礼节和海上应急预案处理的常识及各种业务技能,并灵活运用到日常服务工作中。

⑤及时向邮轮公共区域主管报告邮轮公共区域内的卫生状况,认真填写每日工作记录。

⑥协助做好邮轮公共区域内的安全工作,完成邮轮公共区域主管交办的其他工作。

第二节　邮轮客房清洁服务

客房的清洁工作是客房部的主要任务之一,搞好清洁卫生,不仅给宾客创造了一个清新的环境,同时也为宾客提供了一个舒适、方便的“家”。邮轮客房清洁主要包括三方面的工作内容,即:清洁、整理邮轮客房,更换、添补物品,对设施设备进行检查和保养。

一、房态的辨别与清扫标准、顺序

(一)房态及清扫标准

邮轮客房状态不同,对清洁的要求和程度也有所不同。通常邮轮公司都会选择使用与酒店相同的运营软件 Opera 系统,也有的邮轮公司会根据自身特点,开发自有的邮轮运营管理软件系统。参照 Opera 系统，邮轮客房常用的房态主要有表 3-1 中的几种。邮轮客房服务员每天在对邮轮客房房间进行清洁前，必须认真、仔细地了解和熟记每间客房的状态及清扫标准（见表 3-1），然后进行清洁工作。

表 3-1　邮轮客房房态及清扫标准

中文	英文全称	清扫标准
住客房	Occupied(OC)	按照宾客的要求进行清扫整理
请即打扫	Make Up Room(MUR)	优先安排，按客房标准全面整理
请勿打扰	Do Not Disturb(DND)	暂时不能清扫整理
贵宾房	Very Important Person(VIP)	优先安排清扫整理，并按“VIP 接待通知单”的要求进行布置
走客房	Check Out(CO)	按照客房的标准进行清扫整理
空房	Vacant(V)	阶段性的简单清洁保养
已清扫客房	Vacant Clean(VC)	检查核实，简单整理，确保质量
未清扫客房	Vacant Dirty(VD)	按照客房的标准进行清扫整理
邮轮自用房	House Use (HU)	只需检查，必要时加以整理
维修房	Out Of Order(OOO)	如修好及时进行清扫整理，如没有修好，一般不予清扫整理

（二）清扫顺序

一般情况下，清扫顺序是：请即打扫房→VIP 房间→住客房→走客房→空房；如果遇到邮轮团队宾客较多且登船较集中时，打扫顺序为：空房→请即打扫房→走客房→VIP 房间→住客房。以上邮轮客房清扫顺序还应根据邮轮公司的统一安排或邮轮宾客的活动规律加以调整。总之，邮轮客房的清洁应以不打扰宾客或尽量少打扰宾客为原则，在进行清扫工作时，尽量安排在宾客外出的时间段进行。

二、不同房态邮轮客房的清洁

（一）走客房状态邮轮客房的清扫程序

1.准备工作

①按规范准备好客房工作车；

②整理好相关的清洁用具；

③整理好相关的客用品。

2.清扫程序

表 2–2　走客房清扫程序

程序	项目	操作步骤	备注
1	敲门，进入邮轮客房	①用食指或中指第二骨节敲门或按门铃三下(每下之间应间隔 3 ~ 5 秒)，敲门应有节奏，轻重适度，然后通报邮轮客房服务员或英文“Housekeeping”。 ②打开房门，将房卡插入取电盒开灯，在“服务员工作日报表”上填写进房时间。 ③将客房工作车横放于房门进出口。	打扫期间不得关上房门。
2	拉开窗帘，检查客房内物品	①拉开窗帘，打开窗户透气，检查窗帘、窗户开关等。内舱房没有窗户，应打开空调，加大通风量，保证室内空气的清新。 ②检查客房内是否有宾客遗留的物品、有无设备被宾客损坏、有无物品被宾客带走，如有应及时报告客房部主管。	如开关、灯泡、电器等不能正常使用，及时报修。注意不得开着电视机、空调做房。
3	整理器皿	收取宾客使用过的餐具、茶具、酒具、水杯等，倾倒杯内剩余茶水、饮料后，放于工作车上，集中送到工作间洗涤消毒。	所有的茶具、水杯、酒具等不可以在邮轮客房内清洗。
4	清理垃圾	①用垃圾桶收集垃圾。 ②将收集的垃圾连同垃圾袋倒入客房工作车的清洁袋内。 ③将干净的垃圾袋套在垃圾桶上。	①回收可以利用的物品。 ②注意有无熄灭的烟蒂。
5	撤下床上用品	①按照操作规程将床上用品逐一撤下。 ②将撤下的床单等布草放到工作车上的布草袋内。 ③从工作车上取相同规格和数量的布草准备铺床。 ④检查褥垫是否干净。	①撤床单时，要抖动几次，确认没有裹带宾客衣物或其他物品。 ②撤下的床上用品不能放在地上。 ③有特殊污迹或破损的床上用品要专门处理。
6	铺床	按铺床的程序进行床单、被套、枕套的整理。(具体铺床程序见“资料补充一”)	如今，绝大多数邮轮客房都采用“中式铺床”的方式。
7	卫生间清扫	按卫生间的清扫整理操作规程操作。(见“资料补充二”)	

续表

程序	项目	操作步骤	备注
8	抹尘	①抹尘顺序：从上到下，由内到外，按顺时针或逆时针方向依次进行。 ②抹尘时，注意抹布要干湿分开、折叠使用，要擦拭到位，特别是一些卫生死角，如窗台、窗框等。 ③检查设备是否完好，客用品是否齐全、充足，摆放是否规范。	软面家具、电器要用干抹布擦拭。
9	补充客房内用品	①根据邮轮规定的品种、数量，补齐房内用品。 ②物品摆放要整齐美观、使用方便。	物品商标正面朝向宾客，不能有破损。
10	吸尘	① 取吸尘器，插入电源插头，启动开关，进行吸尘。 ②从客房窗户前区开始，从里到外吸尘，阳台海景房从阳台开始吸尘。 ③吸地毯要按顺纹方向进行吸拭。	①坚硬的物品不能用吸尘器除尘。 ②地面有水的地方不能吸，防止漏电或电机损伤。
11	自我检查	按顺时针的方向环视房间整理的情况，确保房间的清洁符合标准。如有不妥之处，自己可以及时处理。	①不要遗漏任何清洁工具和用品。 ②家具设备和用品的摆放要符合要求。
12	离开并填表	①取出插在取电盒上的房卡，轻轻关上客房房门。 ②在"邮轮客房清洁报告表"上填写进出房间的时间、撤换和补充物品的数量以及记录房内维修项目的内容。	

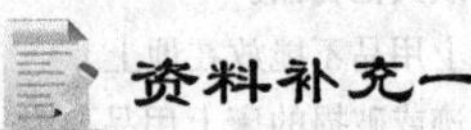

资料补充一

中式铺床程序

一、拉床

屈膝下蹲，用手将床拉出约 60 ㎝。注意：床垫的翻转，贴上标签（每周头、尾调换一次，每月上、下翻转一次），使床垫受力均匀，床垫与床座保持一致。

二、铺单

1.将折叠的床单正面向上，两手将床单打开，利用空气浮力定位，使床单的中线不偏离床垫的中心线，两头垂下部分相等。

2.包边、包角时注意方向一致、角度相同、紧密、不露巾角。

三、套被套

1.将被芯平铺在床上；

2.将被套外翻，把里层翻出；

3.将被套里层的床头部分与被芯的床头部分固定；

4.两手伸进被套里，紧握住被芯床头部分的两角向内翻转、用力抖动，使被芯完全展开、被套四角饱满；

5.将被套开口处封好；

6.调整棉被位置，使棉被床头部分与床垫床头部分齐平、棉被的中线位于床垫的中心线；

7.将棉被床头部分翻折 25 cm。

注意：使整个床面平整、挺括、美观。

四、套枕套

1.将枕芯装入枕套，使枕套四角饱满、外形平整；

2.将枕头放在床的正中，距床头 5~10 厘米；

3.单人床，将枕套口对墙；双人床，枕套口互对；两张单人床，枕套口反向于床头柜。

五、推床

将铺好的床向前推进，与床头板吻合。

注意：检查铺床的整体效果，整个铺床过程应控制在 3min 左右。

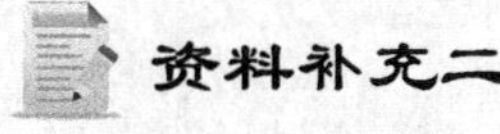

卫生间清洁程序

一、准备工作

1.清洁用具箱分格摆放马桶刷、浴缸刷、多功能清洁剂、洁厕剂、百洁布、分色抹布 4 块；

2.进入卫生间，打开灯和换气扇；

注意：住客房卫生间如门关闭，必须敲门确认是否有人。

3.抹布只能在淋浴区清洗，不得在面盆中清洗。

二、撤除脏布草和垃圾

1.撤掉用过的脏布草,放入布草袋;

2.废弃物收集到垃圾袋中;

3.清洁垃圾桶;

4.可以利用的物品,如肥皂头等放入工具箱中。

三、清洁面盆、台面及两侧墙面

1.用不同的清洁剂,喷洒卫生间不同的区域。

2.在恭桶内倒入适量的清洁剂,注意不能直接倒在恭桶壁上。检查恭桶是否有堵塞或漏水现象,如有应及时报修。为减少邮轮排污量,恭桶是否需要先放水冲一次不应一概而论,要视具体情况而定。

3.用专用工具擦洗面盆、两侧墙面、台面和洁具并擦干。

4.注意面盆塞和溢水口也要清洁。

四、清洁镜面和玻璃

1.将玻璃清洁剂均匀地喷洒在镜面上;

2.用干抹布从上至下将镜面擦干、擦净、擦亮;

3.用干抹布将金属件擦干、擦亮。

五、清洗淋浴区

1.用专用工具清洁玻璃墙面、水龙头、淋浴蓬头、防滑垫等;

2.清洗完毕后用清水清洗、擦干;

3.做到无水迹、无皂垢、无毛发。

六、清洁恭桶

1.使用专用的刷子从上至下对恭桶内壁、出水孔、底部进行清洁;

2.将恭桶外部刷洗干净并擦干。

七、清洁地面

1.在地面喷洒少量万能清洁剂;

2.从里至外,沿墙角平行,边退边擦净地面(注意对卫生间地漏的清洁及除味)。

八、补充客用品

1.将邮轮规定的物品摆放到正确的位置,摆放时应注意将物品名称正面朝向宾客,同时也应将有邮轮标识的一面朝向宾客;

2.补充客用品应遵循离船更新、住客补缺不撤的原则。

九、全面检查

查看一下是否还有不妥之处，然后关换气扇，将卫生间的门半掩。

（资料来源：http://www.canyin168.com/glyy/kfgl/kflc/201205/41658.html）

（二）住客房清扫程序

住客房和走客房相比，清扫程序基本相同，但是有部分程序需要特别注意。

1.进入客房内

（1）观察客房门外情况

如果门把手上挂着“请勿打扰”牌或有反锁标志，则不能敲门，而应轻轻地将工作车推走，先离开此客房，等宾客取下标牌后方可进行清洁。如挂着“请即打扫”，应优先安排打扫顺序，否则按照次序打扫。

（2）等候回应

服务员敲门之后，站在客房门前适当的位置（侧身45°），以方便客房内宾客对外面的观察。敲门后切勿立即开门或连续敲门，此时如房内宾客有回应，服务员应再通报，并征求宾客的意见。如宾客不同意此时清扫邮轮客房，服务员应向宾客道歉并轻轻离开此房；或视情况询问宾客何时清洁比较方便，并把宾客要求清扫客房的时间记录在清洁日报表上，以免遗忘。

（3）若邮轮客房内仍无动静，服务员可以开门进房

开门时，应先将客房门打开15°角，用手再次轻敲客房门，同时通报身份，并观察房内情况，不要猛烈推门。若发现宾客仍在睡觉，应马上退出，轻轻把门关上；若宾客已醒但未起床或正在起床，应马上道歉后再退出，不要过多解释，以免造成宾客不便；如宾客已起床，则应询问宾客现在是否可以清理客房或按照宾客意见去做。

2.清洁程序

邮轮走客房清扫是先撤床，再清理卫生间，最后抹尘和补充房内用品，这样可以让房内有一定时间透气，达到降尘的目的。而在对住客房进行清洁时，一般要求先将客房内卧室区域整体都清洁完毕后，再清洁卫生间。这是因为宾客可能随时会回来，所以应先将房内整理好，给宾客以舒适感，这时服务员再去清理卫生间，也不会互相干扰。

3.清洁中的注意事项

①不要触摸宾客的贵重物品，如手提电脑、钱包、手机以及手表、照相机等。

②不要移动宾客的物品。宾客的文件、书报、个人用品等不要随便合上，不要移动位置，更不准翻看；宾客放在椅子上或床上的衣服，外衣可以将其挂入衣柜内，内衣、睡衣不得

轻易翻动或挪动，尤其是女士的衣物。

③不要随意扔弃宾客的物品。整理邮轮客舱的一个基本原则是，除了放在垃圾桶内的垃圾，即使是扔在地上的废旧物品，也只能替宾客做简单整理，千万不要自行处理。收取住客杯具时，若发现宾客有自泡的特殊饮用品，勿随意清倒更换。

④贵重物品不得移动，并立即上报领班做好记录，记录物品的位置和数量。

⑤清扫客房时，若房间内电话铃响，为了尊重宾客对客房的使用权，维护宾客隐私，不能接听电话。

⑥若在整理房间时，宾客回来，应礼貌地请宾客出示房卡，确定其身份后，征求宾客的意见进行整理工作。

⑦查看宾客是否有待洗衣物，并仔细核对洗衣单，确认无误后交送洗衣房。

4.更换布草等用品

①为减少洗涤剂对环境的污染，邮轮多用环保卡的方式鼓励宾客减少床上用品及毛巾的更换，服务员只要将床铺或毛巾整理复原即可。如果宾客有需要，则应立即更换。

②根据邮轮规定，补足、补齐房内用品。邮轮客房VIP房间摆放的水果盘、水果刀、糖盘等，应每天进行更换，保持清洁。

案例补充

小杨是一名客房服务员，他清扫房间速度快、卫生质量好。但是有一天，他接到了宾客的投诉。

这天，小杨清扫一间住客房的卫生时，他完全是按照程序标准操作的。可是晚上宾客回来后，把电话打到了客房服务中心，说他上午出去时泡好的一杯中药下午想喝的时候却发现没有了。原来在小杨清扫房间卫生时，桌子上有一个玻璃杯，那是宾客出去时在杯子中泡好的中药，是准备下午回来喝的。小杨在更换茶饮具时，看到盛有中药的杯子，认为那是宾客喝剩下的茶水，想也没想就给倒掉了，随后换上了消过毒的干净杯子。

据这位宾客讲，他每天都要按时喝中药，需要提前泡好，可是由于服务员无意中给倒掉了，今天下午就没有喝成，因为再泡也来不及了。由于这种药比较贵，给宾客造成了经济上的损失；而更重要的是因为没能按时吃药，对于宾客治病的疗效也受到一定的影响。（资料来源：http://www.17u.net/news/newsinfo_181228.html）

案例思考：

1.小杨做错了什么？

2.在清扫住客房时，有哪些事项要特别注意？

（三）勿扰房清扫程序

1.登记“请勿打扰”房的房号

邮轮客房服务员在交接班时，将挂有“请勿打扰”牌的房号记在值班记录本上。另外，对从昨晚做夜床时即挂“请勿打扰”牌的房间要特别留意。

2.先保留“请勿打扰”房

在邮轮客房门把手上挂有“请勿打扰”牌的，先保留不做，待宾客将“请勿打扰”牌取下后，才可以敲门入内整理。

3.电话查询情况

早班领班在每日12:00~14:00之间，需向各楼层负责人员查询未整理好房间的原因。如宾客一直挂着“请勿打扰”牌，领班先向总机查询该宾客是否在，是否已有交代及动向。如为常住宾客，则查清宾客习性记录表，看是否有不整理房间的记录；如无记录，到楼层及前台了解后，向值班的主管报告。

4.会同相关部门共同处理

①当班的房务主管于15:00时会同大堂副理共同处理，先由大堂副理用电话与房内联络，如宾客接听，则向宾客表明接到房务中心通知，礼貌地问宾客能否整理房间，视宾客答复采取作业。

②如电话无人接听，则由房务主管敲门两次后，用备用钥匙开门入内查看。若遇到宾客将房门反锁（一般邮轮的客房房门共有两道锁，第一道锁在关上房门即锁上，第二道锁是房门关上后，由宾客自行将内锁或按钮按上），是无法用备用钥匙开门的，需要工程部门将房门整个拆下，以防止意外发生。等状况解除后，由领班通知客房服务员开始整理工作。

5.做夜床的注意事项

做夜床时如宾客挂出“请勿打扰”牌，客房服务员需加以记录，于下班前（连同送回客衣）交晚班领班处理。晚班领班每小时须去巡视一次，如牌取回，则敲门入内送客衣并做夜床；如一直挂着“请勿打扰”牌，交接时请夜班领班特别注意该房间状况，并保持每小时巡视一次，夜班领班下班时再交班给早班继续注意。

(四)邮轮空房的清扫

邮轮客房服务员还是要对空房进行阶段性的简单清洁、保养的,以保持空房良好的清洁状况,保证每航次宾客入住时室内卫生良好。具体程序如下:

① 按规定程序进入房间。

② 进房后首先检查房内所有电气设备,保证其运转良好。

③ 用一干一湿两块抹布抹尘,包括电器、家具等。

④恭桶、地漏放水排放异味;细抹卫生间浮尘(浴缸水龙头、淋浴喷头隔两三天应放锈水一次,并注意清洗抹干)。

⑤定期对空房进行通风和吸尘。

⑥检查客房内有无异常情况,关灯,断电,记录在工作日志上。

(五)贵宾房(VIP)的清扫

①在日常清洁的基础上,对邮轮客房设施设备进行全面、彻底的清洁、保养。

②铺床时,应选用新的或比较新的床单、枕套、枕芯、被褥等,并使用面料较好的床裙,以显示接待规格高于其他普通的邮轮客房。

③按照贵宾等级和接待规格的高低布置贵宾房,准备鲜花、果盘、糕点、邮轮公司欢迎信等礼仪、礼节性物品。

④按照邮轮规定的品种、数量补充全新的卫生用品。

⑤提供小整理服务,主要是清理宾客午休后的客房,重新整理床铺,必要时补充一些消耗用品。

第三节 邮轮客房对客服务

一、宾客的主要类型

(一)按宾客客源地划分

1.国内宾客

此类宾客一般是指以中国国内度假型邮轮游客和团体型邮轮游客为主的宾客。由于签证手续复杂,国内游客习惯依托于某个国内旅游公司或旅行社进行邮轮之旅,由他们全程安排服务方式。从饮食习惯而言，国内宾客习惯于中餐；从游览时间而言，岸上旅游观光时间较多；从消费特点来说，对付费项目的服务消费较低；部分宾客还有中午休息或午睡的习惯，不希望中午被邮轮客房服务员打扰等。

2.外国宾客

外国宾客的生活习惯与国内宾客有很大区别，对客房内的卫生设施、设备非常敏感，习惯淋浴，24 小时热水供应对他们来说很重要；对室内温度要求较高，夏天习惯于把室内空调温度调得很低；在消费方面，习惯于享用邮轮所提供的送餐服务、房内小酒吧服务、洗衣服务等。

（二）按宾客目标群体划分

1.单身宾客群体

对单身宾客来说，邮轮上丰富多彩的运动项目和娱乐活动特别吸引他们。宽敞的健身房，清凉的游泳池，休闲的高尔夫，还有刺激的海上冲浪、高空绳索，都是年轻人释放精力的好场地、好运动。上船后，客人的活动安排可参考邮轮"每日简报"，它会详细列出当天活动，客人可选择感兴趣的参与。对这部分客人来说，邮轮活动要丰富多彩，互动性要强，为他们创造交友的好氛围。

2.家庭旅游群体

家庭旅游群体是一个有老有小的团体，不论在选择旅游目的地还是在选择出行方式上，都要照顾到老人和孩子的因素。老人在旅游时不能太过劳累，孩子在旅游过程中最应该注意的是安全，要便于家长照顾，此外还得考虑孩子们的兴趣和学习需要等。为给陪伴孩子出游的家庭提供方便与乐趣，每一艘邮轮都有专为儿童设计的游乐场所，如儿童游泳池、儿童游戏室等，在此家长可以与孩子一起玩耍；此外，还有专门的"儿童寄存处"，寄存处里有穿着各式卡通服装的服务人员，他们都经过专门培训，会带孩子们做手工、做游戏、举办派对，丰富的活动足以吸引小朋友。

3.蜜月旅游群体

蜜月度假的主题是浪漫，泰坦尼克式的浪漫足以对情侣旅游者选择邮轮旅游产生巨大的吸引力。而邮轮上固定的空间也可以减少蜜月旅游的劳累感，尽情享受二人世界。此类宾客一般对邮轮的房间要求较高，如舒适的大床房、朝向较好的海景阳台等。一般情况下，邮轮公司在宾客登船时了解到此类宾客的信息后，会委派客房部向新婚宾客赠送礼品，增加欢乐气氛。与宾客见面时要讲祝福的话，多向宾客介绍邮轮特色产品，以及岸上优美的旅游景点和风味小吃等，以达到方便宾客游玩和购物的目的。蜜月旅游群体希望有自己的私密时间与空间,在向他们提供邮轮客房服务时,要特别注意时间的安排。

(三)按宾客的旅游目的划分

1.观光型邮轮游客

这类游客的主要目的是欣赏沿途风光和停靠港口城市景点的风光,体验当地的风土人情,品尝各个国家的风味小吃,了解不同国家或地域的文化等。他们的行程安排比较紧凑,白天在外观光,晚上回邮轮住宿,喜欢购买旅游纪念品、拍照留念等。因此,邮轮客房服务员应及时、准确地为其提供叫醒、问讯、购物指引等服务,并为他们创造一个安静、整洁、温馨的居住环境,使他们有充足的精力、愉悦的心情完成旅游活动。

2.休闲度假型邮轮游客

这类游客与观光型游客的区别在于,他们的旅游目的地较少,所以在邮轮客房内逗留的时间较长。因此,他们在选择房型时倾向于海景房或阳台房,对客房舒适度要求较高,如24小时有热水供应、室内温度适宜等。同时,对一些辅助服务也有要求,如客房房内送餐、客房内小酒吧、洗衣服务等。通常,他们喜欢邮轮上多一些丰富多彩的娱乐项目,希望服务员提供热情、随和、周到的服务。

3.商务会议型邮轮游客

由于这类游客的邮轮旅行费用由公司支付,加上他们一般都是收入较高的阶层,因而商务会议旅游者拥有较强的消费能力。他们不太关注消费服务的价格,而更注重消费所带来的舒适性、安全性、便利性和服务质量。在客房的选择上,他们多选择海景阳台大床房,并要求房内配有电脑接口及不间断的电源、齐全的办公设备及用品。在客房服务方面,他们要求客房部的服务项目齐全、客房内清扫整理的时间安排合理、服务快捷高效,而且不希望经常被打扰。面对这类宾客,邮轮会提供会议配套设施,如董事会式的中央会议厅、商务服务中心和剧院式电影院等。

(四)按组织形式划分

1.散客

散客型游客主要是指个人、家庭及5人以下自行结伴参加邮轮旅游的宾客。这类宾客平均在邮轮各个营业部门的消费水平较高,对客房的硬件和软件要求也会较高。

在客房的硬件方面,他们一般选择海景房或阳台房,要求客房布置温馨、舒适,对房间特别是卫生间的卫生比较挑剔。在客房的软件方面,他们对送餐服务、小酒吧、洗衣服务也有一定的要求。客房部在接待这类宾客的过程中要注意,当宾客到达客房楼层时,应微笑相迎,主动问好;对老弱病残的宾客要主动帮助,服务要周到,照顾要细心。当宾客咨询时,要热情、耐心地介绍邮轮的各种产品及服务。

2.团队

团队型游客大多数是以邮轮和停靠港岸上旅游观光为目的的宾客。他们的活动一般都有组织、有计划地进行,并且日程安排较紧,在邮轮上所需的客房房间数量较多。邮轮给团队型游客的客房价格折扣较大,所以出租的房间数量多,就收入而言,对邮轮公司整体收入的提升非常可观。为了更好地为这类宾客提供服务,邮轮客房部应与接待单位或旅行社的领队或负责人联系,充分做好团队型宾客的登船、离船的各项工作。这类宾客在邮轮上逗留的时间较短,故多选择内舱房,服务员在提供服务时要一视同仁。

二、邮轮客房部对客服务的特点及要求

(一)邮轮客房部对客服务的主要特点

1.舒适性

邮轮客房是宾客入住邮轮后长时间逗留的场所,邮轮的宗旨是为每位宾客提供一个“家外之家”,因此,像“家”一样舒适便成为衡量客房部对客服务优劣的重要标准之一。邮轮客房部服务员除了将客房布置得舒适、温馨之外,还要留意宾客的生活习惯,以便提供有针对性的服务,切实给宾客以“家”的感受。

2.综合性

从服务的表现形式来看,邮轮客房的服务是有形服务和无形服务的综合体现。首先,客人进入房间后,主要是通过对客房房间的整体感觉、床铺的整洁、地面的洁净、用品摆放的方便性等来感受客房部服务人员的服务水平,这些体现了服务的无形性;但客房部也需要面对面的服务,如迎送服务、洗衣服务等,这些体现了服务的有形性。服务的综合性需要客房服务员既要具备娴熟的服务技能,又要掌握对客服务的礼仪、礼节及技巧。

3.随机性

邮轮客房部服务项目众多,工作较为分散,各服务项目之间没有非常明显的直接联系,且宾客没有固定的需要某项服务的时间,需求服务的随机性很强,给服务工作带来了较大的难度。如对于 VIP 宾客和商务宾客,需要客房服务员随时为其提供送餐服务和清洁作业;对于观光型宾客,需要及时为其提供旅游咨询服务;对于醉酒宾客,需要提供醒酒服务,等等。

4.差异性

客房服务是无形的,无法像有形产品那样实现标准化,每次服务带给宾客的效用都

可能存在差异。首先，客房部服务人员因各自的素质不同、每天的心情受环境的影响，一定程度上会造成邮轮客房部服务质量的波动。其次，如今邮轮的客源成分十分复杂，宾客与宾客之间既有经济上的差别，也有地位上的不同，又有各国风俗习惯的差异，因此对邮轮客房服务的期望和需求也存在很大的差异。即使对相同的服务也会有不同的评价，从而造成服务质量的不稳定。最后，由于服务人员与宾客间相互作用的原因，在服务的不同次数的购买和消费过程中，即使是同一服务人员向同一顾客提供的服务也可能存在差异。

（二）邮轮客房部对客服务的操作要求

邮轮客房部服务水准的高低和优劣，在很大程度上决定了宾客对邮轮客房部产品的认知程度和满意程度。这就要求客房部在对客服务时，要以一定的服务程序或制度为基础，为宾客提供高规格的服务，使宾客高兴而来、满意而归。从服务操作系列化的要求来看，主要是贯彻执行“迎、问、勤、洁、静、灵、听、送”的八字工作法。

迎——礼貌大方，热情迎客。宾客来到邮轮客房，主动迎接，这既是对宾客礼貌和敬意的表示，又是给宾客留下良好第一印象的重要机会。热情迎客，一要举止大方，衣着整洁，精神饱满；二要态度和蔼，语言亲切，动作准确适当；三要区别不同对象。

问——热情好客，主动问好。宾客在邮轮住宿期间，服务员要像对待自己的亲人一样关心、爱护宾客，体现主人翁责任感。要主动向宾客问好，关心他们的日常起居、身体状况、生活感受，主动询问他们的要求，满足他们的爱好。

勤——工作勤快，敏捷稳妥。邮轮客房部服务人员应为宾客提供准确而快速的服务，这就需要做到手勤、眼勤、嘴勤、腿勤。手勤就是要及时准确地完成工作任务；眼勤就是要注意观察宾客的需求、反应，有针对性地为宾客提供随机性服务；嘴勤就是见了宾客要主动打招呼，主动询问需求，切不可遇到宾客不言不语，低头而过；腿勤就是要行动敏捷，不怕麻烦，提高服务效率。

洁——保持清洁，严格卫生。邮轮客房服务过程中，清洁卫生是宾客的基本要求之一。每次整理客房、卫生间、会客室、书房时，都要做到严格消毒，消除凌乱的痕迹，保证各种设备、用具和生活用品清洁、美观、舒适。

静——动作轻稳，保持肃静。邮轮客房是宾客休息或办公的场所，保持安静也是优质服务的基本要求。邮轮服务人员在准备用品、打扫卫生时要做到敲门轻、说话轻、走路轻。服务过程中，不得大声喧哗、吵闹、唱歌。随时保持客房、楼层的安静气氛，以体现客房服务的文明。

灵——灵活机动，应变力强。邮轮客房服务员在服务过程中必须具有较强的应变能力。服务员应根据宾客的心理特点、特殊爱好采用灵活多样的方法，如对动作迟缓、身体有残疾的宾客应特别照顾，对性格开朗的宾客说话可以随和一些，等等。

听——“眼观六路，耳听八方”。邮轮客房服务员要随时留心观察宾客情况，征求宾客意见，随时发现服务过程中的问题和不足之处。一经发现，就要及时改进和弥补。

送——送别宾客，善始善终。宾客离船既是客房服务的结束，又是下一轮服务工作的开始。为了保证邮轮服务工作取得良好的效果，给宾客留下美好的印象，同时也为了争取回头客，就必须让宾客旅途愉快，欢迎宾客再度光临。

三、客房特殊的对客服务

（一）残疾客人服务

邮轮旅游中一般会遇到4种类型的残疾宾客：一是肢体残疾的宾客；二是视力残疾的宾客；三是听力残疾的宾客；四是语言残疾的宾客。在邮轮上，服务员对残疾宾客的服务应主动热情、耐心周到、尊重隐私、针对性强，并照顾到宾客的自尊心，让宾客有一次愉快的邮轮之旅。

在服务中应注意的事项：

①在宾客登船前，根据邮轮港口办理大厅提供的资料了解宾客的姓名、残疾的表现、生活特点、有无家人陪同以及特殊要求等，做好相应的准备工作。

②宾客登船时，要主动迎接宾客，服务要有技巧。问候肢体残疾宾客时，邮轮服务员应亲切友好，表情自然，如果宾客乘坐轮椅，服务员应保证对宾客平视。问候盲人宾客时，服务员应在一定距离处通过声音提示让宾客及时辨听周围情况。提示时，语气柔和，语调平缓，音量适中。问候听力残疾的宾客时，应微笑着注视宾客，通过眼神向宾客传递平等、友好的信息。如果宾客语言有残疾，需要服务员掌握简单的手语，能进行基本的语言沟通。

③为肢残宾客提供引领服务时，应走最短路线，做到走平路时适当关注，走坡路时适当帮助，上、下电梯时积极协助。引领视力残疾的宾客行走时，服务员应不断通过声音提示和放缓脚步的方式，及时提醒宾客前面的路况。上、下楼梯或乘坐自动扶梯时，服务员应先一步上、下，然后回身照应宾客。

④带领宾客进入房间时，服务员应仔细地向宾客介绍邮轮客房内的设施设备和配备物品，帮助宾客熟悉客房内的环境，这点对视力残疾的宾客尤其重要。

⑤残疾宾客到餐厅用餐时，服务员应将宾客引领至方便出入且安静的餐位。为肢残宾客服务时，餐具和食品应就近摆放。为视力残疾宾客服务时，服务员应阅读菜单，并细致解释，帮助宾客逐一摸到餐具的摆放位置。上菜时，应向宾客描述菜肴的造型和颜色，告诉宾客食物放置的相对位置，并随时帮助宾客。

⑥主动询问宾客是否需要客房房间送餐服务，配合邮轮餐饮服务人员做好服务。尽力承办宾客委托事项，通过与邮轮其他相关部门的协作，及时完成并回复。当宾客离开客房到邮轮其他区域活动时，应及时通知其他区域相关服务人员给予适当照料。

⑦当宾客下船时，客房服务员应主动征询宾客的意见和要求，并通知邮轮安保部服务人员帮助宾客提拿行李，送宾客下船离开。

（二）生病宾客服务

在邮轮上，经常会遇到宾客身体不适、生病等情况，而病人的病因复杂，以前的身体素质如何也不得而知，用药是否合适，有没有过敏反应，这些都直接关系到宾客身体的健康甚至生命安全，责任重大，因此必须慎重。因为邮轮客房服务员大都缺乏专业的医务知识和医务技能，所以邮轮公司必须制定对生病宾客的服务规范。

1.病客服务规范

①当邮轮客房服务员发现宾客生病时，要表示出关怀和乐意帮助的态度。

②礼貌地询问宾客的病情，了解宾客生病的原因，如宾客明确表示不舒服或能够说出病情，服务员可提醒宾客邮轮上有医务室和医生，可建议宾客去就诊或请医生到客房出诊。

③对于在房内卧病在床的宾客，应将纸巾、热水瓶、茶杯、垃圾桶等放到宾客的床边同时加送热毛巾。

④要适时借服务之机进入宾客房间并询问宾客有无特殊要求，建议或协助宾客与附近的亲朋好友取得联系，提醒宾客按时服药并推荐适合的饮食。

⑤关上房门后要时刻注意房内动静。和领班或主管一起将生病宾客的房号及生病大概情况记录在邮轮客房部服务员工作日报表上。

⑥客房部管理人员应亲自慰问宾客并送鲜花和水果，祝宾客早日康复。

2.病客服务注意事项

(1)在日常对病客的服务当中，服务员只需要做好必要的工作，注意不得长时间在房间逗留，告知病客若有需要可打电话联系客房部。

(2)如遇危重病人时，应及时上报客房部，部门应及时上报邮轮总经理，邮轮总经理必须及时向邮轮船长汇报，通过海事卫星电话与附近海域的停靠城市港口联系，请求医疗支援，联系停靠港口国家城市医院，做好医疗急救，救护车也应在邮轮停靠港口码头等待接应。如宾客处于清醒状态，还应征得宾客的同意，方可与急救组织联系。

(3)客房服务员若发现客房内宾客有休克或其他危险迹象时，应及时通知客房部主管，由主管协助采取必要的措施，不得随意搬动宾客，以免发生意外。

(4)如发现宾客有传染病应做到以下4点：

a.关心、安慰宾客以稳定宾客的情绪。

b.立即请邮轮上的医生为其就诊。

c.对于病客的房间进行封闭，并用紫外线进行消毒。

d.消毒后进行彻底的清扫才能再次出租。

(三)醉酒宾客服务

醉酒宾客的破坏性较大，轻则行为失态，大吵大闹，随地呕吐，重则危及其生命及破坏邮轮设备设施或酿成更大的事故。邮轮服务人员遇上醉酒宾客时，头脑应保持冷静，根据醉酒宾客不同的种类及特征，分别处理。对轻的醉客，应适时劝导，安置其回房休息；对重的醉客，则应协助安保人员，将其制服，以免骚扰其他宾客或伤害自己。

①服务过程中，如发现宾客在房间内不断饮酒时，客房服务员应特别留意该宾客动态并通知客房部主管。如遇在外面喝醉酒回来的宾客，应上前询问宾客入住的房间房号、有无同伴，了解宾客醉酒的程度。通过宾客的房卡以及有效证件，与电脑资料核对、确认房号。

②若是已经确认好客房房间的醉酒宾客，应在客房部主管或其他客房部同事的帮助下，带宾客回房间休息。进入房间后，调节空调温度，设法使宾客保持安静。如宾客饮酒过量，询问宾客或同伴是否需要去看医生。如宾客需上床休息，在床头旁放好垃圾桶，铺好报损的地巾，帮助倒杯温水放在控制柜上。将床头灯、台灯、过道灯及卫生间灯打开，方便宾客辨别方位。如宾客有呕吐物，要及时清理干净。

③在安置醉酒宾客回房休息后，客房服务员要特别注意其房内的动静，以免客房的设备及家具受到损坏或因其吸烟而发生火灾。若发现宾客因神志不清而有破坏行为时，应及时通知邮轮安保部门、客房部经理等。若宾客倒地不省人事和有发生意外的迹象，如酒精中毒等，应及时通知邮轮总经理，同时通知邮轮医务室医生前来检查，以保证宾客的生命安全。

④将醉酒宾客的房号及处理过程记在交接本上，做好交接。晚间可与安保部联系，予以监控注意，如有异常随时通知客房部经理。

⑤若醉酒后造成客房设备物品损坏，做好记录，宾客邮轮后按邮轮规定处理。

案例补充

豪华环球游引旅客投诉

2015年3月1日20时,载有百余名旅客的意大利歌诗达“大西洋号”邮轮从上海吴淞口国际邮轮港驶出,开启了首个由中国母港出发的环游世界之旅。这趟为期86天的环球之旅横跨三大洋、五大洲,途经18个国家和地区的28个目的地。虽然一路上经历的异域风情和地理、人文、历史、建筑让不少游客感到不虚此行,但船上的服务和设施令许多人无法接受。

张女士表示,2013年,歌诗达就开始对外宣传这趟邮轮环球旅行,“当时我与家人商量后觉得很心动,就缴费报了名。我们选择豪华型舱房,人均收费16.8万元”。

令张女士没有想到的是,整个行程中,船上的各种烦恼始终困扰着旅客,尤以水质问题最为严重。“此行最大的不满是,房间里的饮用水混浊、发黄,还有股令人作呕的异味,甚至9楼餐厅的直饮水也发黄,喝起来怪怪的。”张女士抱怨道。

歌诗达环球游首航旅客梁先生的单人费用高达48万元,船方安排他住在6楼船尾的套房内,船尾震动厉害,噪声很大,途中风浪大时非常难受。梁先生提出换房,船方安排他到4楼船尾套房,结果轮机声音更大。梁先生无法睡觉,希望再安排客房,被船方拒绝。

事实上,歌诗达“大西洋号”满载时可以住2 400至2 600名旅客。此次航程仅600多名旅客,船的中部有好几间套房空着。梁先生非常气愤,表示回国后要投诉船方的行为。至此,船方才同意梁先生入住7楼船中部的套房。

另外,船上7楼、8楼、9楼和10楼的船头甲板观景平台全部封闭,不对旅客开放。遇到船头前方有好风景时,旅客们只能全部挤在11楼的船头甲板上。由于人数太多,地方不够,旅客们或是吊在船杆上,或是蹲在地面,非常狼狈。(资料来源:http://www.ce.cn/culture/gd/201507/22/t20150722_6004470.shtml)

问题设计:

1. 简述邮轮客房部的组织结构及主要职责。

2. 简述走客房的清洁程序。

3. 简述住客房清洁时的注意事项。

4. 描述客房对客服务的特点。

5. 在邮轮客房服务中,如果遇到残疾人,服务员应提供哪些特色服务?

第四章

邮轮餐饮服务管理

本章导读

在邮轮上享受美食、美酒以及好友相伴是最惬意的时光，无论在传统邮轮上还是在现代邮轮上，都是如此。食物是邮轮产品的重要组成部分，对于绝大多数游客来说，航程价格已经包括了邮轮上的饮食费用，当然也有例外，如额外收费餐厅。但总体上看，就餐体验的内在性质和客人的高期望是一个重要问题。大多数邮轮品牌试图通过食物供应和就餐选择来使自己与众不同。

学习目标

通过本章，我们可以清晰地了解邮轮餐饮服务的概况、员工配置与职责、服务程序与标准、对客注意事项等相关知识。

第一节　邮轮餐饮服务概述

邮轮中的餐饮，不是简单地满足客人的生理需求，还要让客人品尝到不同地方的特色美食、风味小吃等。同样在邮轮上，也不是简单满足客人的一日多餐，单就提供餐饮的场所来说，就有主餐厅、特色餐厅、快餐厅、自助餐厅、酒吧、咖啡馆等多种餐饮场所，同时还有客舱送餐服务。

一、餐饮服务的类型

(一)主餐厅

邮轮上的主餐厅,多指能同时容纳多名客人就餐的较大规模的餐厅,一般只于晚餐时段开放。主餐厅主要是为客人提供固定餐位的一种宴会餐厅。如果客人人数过多,则会分时就餐,例如可将客人们分成两批分别于18点和20点进餐。主餐厅同时也为客人们提供点餐服务,菜点以西餐菜品为主,每餐为客人提供一定品种的菜式,按照西餐方式服务,餐费与服务费包括在船票价格之中。

资料补充

皇家加勒比邮轮公司的“海洋航行者号”邮轮主餐厅,由下至上贯穿三至五层的三层甲板,分别命名为“卡门”、“波希米亚”、“魔笛”;且还有“塞维利亚”、“格兰纳达”两间贵宾间。

(二)特色餐厅

邮轮上的特色餐厅一般以某个国家或地区的特色菜点为主,提供相应的特色美食。特色餐厅需要提前预订餐位,菜点及酒水由客人自主选取,餐费与服务费不包括在船票价格中。虽然特色餐厅需要自费,但相对于陆地上的高档西餐厅来说,价格还是比较实惠的,同时还会有一些优惠活动。

资料补充

荷美邮轮公司的“诺丹号”邮轮,其特色餐厅——品尼高奥德赛高级扒房的菜点,特色牛排采用了优质的上等牛肉,包括上等腰肉牛排、季菲力牛排以及双牧场牛排,配送薯条和酥炸蘑菇作为饭后甜点,开胃菜则是白兰地山葵调味的虾仁杯、大块蟹饼和鞑靼牛排。收费标准是每位午餐10美元、晚餐25美元,儿童半价。

（三）快餐厅

邮轮上的快餐厅，多提供特色小吃、较为简单的食品饮料，价格相对较低。

资料补充

皇家加勒比邮轮公司的“海洋航行者”号，其尊尼火箭美式快餐厅充满了19世纪50年代的复古怀旧气息。伴随着热情服务生的歌舞，享受着最传统、最地道的美式汉堡和快餐，来一口炸得金黄香脆的薯条和洋葱圈，配上可口的果味奶昔和可乐，一切都是那么的美好！

（四）自助餐厅

邮轮上的自助餐厅，早、午、晚都供应各种各样的食品和饮料，自助取用，非常方便。其餐费包含在船票价格中。

资料补充

皇家加勒比邮轮公司的“海洋水手”号的帆船自助餐厅，为客人准备了新鲜水果、精致甜品、各色沙拉、现做主菜等多种美食，新鲜而丰盛，客人只需要选择一个靠窗的座位、一边欣赏海景一边品尝美食、注意自助餐的基本礼仪即可。

（五）酒吧

邮轮上的酒吧，多在晚上营业，是客人们消遣放松的好去处，酒水需收费，是重要的娱乐和社交场所之一。

资料补充

挪威邮轮公司“逍遥”号的真冰吧，完全使用冰来建造，并使用LED技术模仿北极光作为照明，桌椅、玻璃以及墙面都是真冰，房间需维持在0℃以下以免冰雕和固定装置融化，让客人们获得终极凉爽的体验。这里的营业时间为17:30到22:30，可同时容纳25名客人，他们在-8℃的环境下，穿戴上加厚外套和手套，边饮酒边聊天。

(六)咖啡馆

相对于酒吧的喧嚣,咖啡馆更适合喜欢安静的客人,而邮轮上的咖啡馆提供各种咖啡及小食品,需收费。

资料补充

歌诗达邮轮公司的"大西洋"号,其弗洛里安咖啡馆由威尼斯的同名咖啡馆复制,装潢、家具、饮食的味道、使用的杯子都延续其同样的风格,可以感受独特的威尼斯风情。

(七)客舱送餐服务

此项服务一般不收费,主要是为客人提供餐饮的一种方式,菜品选择少,服务时间也有限制。客人可以通过电话直接点餐,也可以用门把手、菜单点餐。

在邮轮上,每一餐都可享受不同的风味,都是一次愉悦的美食之旅,其用餐方式客人们可根据需要选择,白天可在主餐厅、甲板上、比萨店或者咖啡厅,晚上亦有多个用餐场所开放,某些餐厅甚至是24小时为客人服务。

二、餐饮服务的员工配置及其职责

邮轮餐饮部是邮轮业务的一部分,主要负责邮轮乘客的餐饮服务工作。设餐厅、酒吧和厨房3个部门,总负责人是餐饮总监,下级有餐厅经理、酒吧经理和行政总厨。

(一)餐厅

邮轮餐厅设有餐厅经理、经理助理、服务员主管、服务员领班、服务员、服务员助理、客舱送餐服务员、咖啡厅服务员、船员餐厅服务员、餐厅保洁员等职位。

1.餐厅经理

餐厅经理主要负责邮轮餐饮的日常运营,包括主餐厅、各特色餐厅、24小时快餐厅,以及客舱送餐服务和员工餐饮服务。具体负责日常会议、指导员工培训、制订运营计划/落实计划、组织逃生演练等,其直接上级是餐饮总监,直接下级是经理助理,同级的是酒吧经理和行政总厨。

2.经理助理

经理助理负责协助餐厅经理的日常工作,包括引导、控制就餐高峰时的客流量,控制餐厅营运成本，组织促销活动，安排当班员工等。其直接上级是餐厅经理，直接下级是餐厅服务主管。

3.服务员主管

服务员主管负责协助经理助理落实日常运营，包括培训、督导餐厅服务员的工作和评估。培训内容主要涉及菜单上的菜品酒水的知识、对待客人的交流沟通技巧，等等。其直接上级是经理助理，直接下级是服务员领班。

4.服务员领班

服务员领班负责协助服务员主管完成培训、督导服务员的工作。用餐高峰时，也需要帮助服务员为客人服务。其直接上级是服务主管，直接下级是服务员。

5.服务员

服务员负责摆台，迎接客人，送别客人，为客人领位、安排座位，递送菜单、酒水单，为客人推荐菜品和酒水，并随时关注客人的需求。其直接上级是服务员领班，直接下级是服务员助理。

6.服务员助理

服务员助理主要配合服务员为邮轮客人服务，如递送餐具、菜品等。

7.客舱送餐服务员

客舱送餐服务员负责收集客人的客舱送餐服务需求，并按照客人的点餐需求在指定的时间将食物和酒水送至客舱。其直接上级是服务员领班。

8.咖啡厅服务员

咖啡厅服务员工作场所在邮轮的咖啡厅，主要负责欢迎问候、递送餐单、为客人推荐合适的食物和饮料、在客人用餐时提供服务。

9.船员餐厅服务员

船员餐厅是专门为邮轮员工提供餐饮服务的餐厅，船员餐厅服务员主要负责摆台，传递菜单、酒水单，推荐合适的菜品和饮料等工作。

10.餐厅保洁员

餐厅保洁员主要负责邮轮上所有用餐区域的清洁及消毒工作，包括所有餐饮场所的地面、设备的保洁。

（二）酒吧

酒吧设有酒吧经理、经理助理、服务员主管、服务员领班、调酒师、服务员等职位。

1.酒吧经理

酒吧经理负责邮轮所有酒吧的日常运营,包括制订酒吧运营计划、对酒吧员工及财务的管理、确保服务质量、密切关注酒吧库存、确保酒水的正常供应。其直接上级是餐饮总监,直接下级是经理助理,同级的是餐厅经理和行政总厨。

2.酒吧经理助理

酒吧经理助理主要协助酒吧经理解决酒吧日常运营问题,包括对酒吧员工及财务的管理、控制运营成本、检查酒吧运营计划并落实。其直接上级是酒吧经理,直接下级是酒吧服务员主管。

3.酒吧服务员主管

酒吧服务员主管主要协助酒吧经理助理负责酒吧日常运营,包括酒水品种和数量的检查,酒吧设施设备运行状况的检查,员工值班安排,对新员工进行培训、督导等。其直接上级是酒吧经理助理,直接下级是酒吧服务员领班。

4.酒吧服务员领班

酒吧服务员领班协助酒吧服务员主管进行培训、督导,为酒吧客人提供标准服务,维护酒吧设施设备的完好运行,根据酒吧经营情况及时调整库存。其直接上级是酒吧服务员主管,直接下级是酒吧调酒师。

5.酒吧调酒师

酒吧调酒师主要负责为客人提供酒水服务,包括准备酒吧小食品、鸡尾酒,保持吧台的秩序与卫生,根据客人要求推荐酒水,根据消费情况上报库存,严格按照规定提供酒精饮料。其直接上级是酒吧服务员领班。

6.酒吧服务员

酒吧服务员不直接对客服务,只负责酒吧工作区域的清洁、各种饮具的清洗、各种设施设备的保养,以及酒水的运送。

(三)厨房

厨房设有行政总厨、行政副总厨、厨师长、厨师主管、厨师领班、厨工等职位。

1.行政总厨

行政总厨全面负责邮轮所有日常餐饮的运营,对所有餐饮产品的品质负责。其直接上级是餐饮总监,直接下级是行政副总厨,同级的是餐厅经理和酒吧经理。

2.行政副总厨

行政副总厨协助行政总厨管理邮轮上所有厨房的日常运营,负责厨房生产所需的各种原料的管理，同时督导菜肴的烹制。其直接上级是行政总厨，直接下级是厨师长。

3.厨师长

厨师长协助行政副总厨督导厨房的菜肴烹制，并直接负责相应厨房的菜肴烹制，对菜肴质量负责。邮轮上会根据厨房的实际情况来设置厨师长职位。其直接上级是行政副总厨，直接下级是厨师主管。

4.厨师主管

厨师主管协助厨师长进行邮轮上相应的菜肴烹制，具体负责某一类菜肴的烹制，如牛肉类、禽肉类、鱼类等。其直接上级是厨师长，直接下级是厨师领班。

5.厨师领班

厨师领班协助厨师主管进行菜肴烹制，同时负责厨师长或厨师主管交办的其他任务。其直接上级是厨师主管，直接下级是厨工。

6.厨工

厨工主要负责从仓库领取食品原料，并对食品原料进行初加工，准备烹饪所需的用具（盘、碟等），协助厨师领班制作菜肴，同时还要进行厨房区域、各种餐具、各种烹饪工具设备的清洗保洁工作。

第二节　邮轮餐饮服务

二、邮轮厨房管理

（一）厨房分类

1.热菜厨房

热菜厨房内部主要分为4个功能区：原料加工间、切配加工间、炉灶间和洗碗间。

（1）原料加工间

以食品原材料的粗加工为主，包括洗涤、拣洗、涨发等。此间设施设备有洗涤设备、案板及刀具、盛器3类。

（2）切配加工间

以食物原材料的细加工和配菜为主，与炉灶间紧密相连。此间设备配置有4类，分别是：案板及刀具用于菜点的切配加工、橱柜及冰箱可将加工后的食品原料存放或冷藏、配菜用具供配菜师和炉灶使用、水池区用于洗涤原料。

(3) 炉灶间

以炒菜炉灶为主,炉灶的多少依据餐厅规模、座位比例设置。除炒菜炉灶外,还可根据需要配备蒸锅、烤炉、炸灶、铁扒炉等。

(4)洗碗间

每个炒菜厨房都会配备相应的洗碗间,其设置有4类:洗碗机、洗涤水池、消毒池和消毒箱、餐具柜。

2.冷菜厨房

冷菜厨房多由洗菜间和加工间组成。

(1)洗菜间

负责冷菜食品烹饪前的洗涤、拣洗、拣除等,其设备设置分为3类:洗涤设备、案板及刀具、盛器。

(2)加工间

主要用于冷菜食品上灶前的加工和烹制完成后的刀工处理。这里是冷菜厨房的中心,应尽量保持光线明亮,温度控制在15℃以内,加工过程做到生熟分开、荤素分开。其设备配置主要有5类:案板及刀具、冰箱及橱柜、盛具及用具、量器、消毒设备。

3.面点厨房

面点厨房分为两种:其一是西餐面点厨房,又称西点房,以制作各种面包和糕点为主;其二是中餐面点厨房,又称为面点房,以生产中式面点为主。

(1)面点加工区

其设施配置有机器设备、案板和厨具、存放设备三部分。

(2)炉灶烹制区

西餐面点炉灶以烤箱、烤炉、微波炉为主,中餐面点炉灶以蒸锅、煮锅、煎锅为主。

(二)厨房各岗位设置

通常邮轮上厨房部门的岗位设置如下:行政总厨、行政总厨助理、厨师长、一级厨师、二级厨师、三级厨师、厨师实习生、船员厨师、船员厨师助理、船员厨师实习生、跑堂人员、原料采购人员、仓库管理员、助理原料采购人员、糕饼师傅管理员、助理糕饼师傅管理员、糕饼人员、糕饼店实习生、面包师管理员、助理面包师管理员、面包店实习生、厨房清洁工、洗碗工等。

(三)餐饮前厅与后厨

邮轮餐饮前厅,包括收银台、酒水台及向客人提供餐饮娱乐的餐厅、多功能厅等等。邮轮餐厅能否顺利运营,其前厅与后厨的沟通与协调至关重要。

1.前厅与后厨沟通的作用

(1)上菜前的上传下达

厨房每天需要将“沽清单”交到前厅当班服务领班或主管手中,告知餐厅当日没有的菜品和当日应加强推销的菜品以及特价菜等,以便服务员了解当日菜式,避免因为换菜而导致被动和投诉。同时服务员也应积极推销积压原料菜品,以提高原料的利润率。同时,前厅也应将当天预订的相关信息及时告知后厨,以便厨房及时做好准备。

(2)上菜中的严格把关

后厨接到点菜单后,应做到2分钟内出凉菜,10分钟内出第一道热菜。后厨的划菜员和前台传菜员在上菜前应检查菜肴的品相,不能把不新鲜、有不洁物、变味变质的菜端上桌面。服务员要熟悉上菜的先后顺序和操作方法,以最快的速度上菜,并处理好中途加菜的事宜,一切准备都需要准确而高效。

(3)就餐完毕后的反馈

客人就餐完毕后,通常会对就餐过程有一个整体的印象和评价。前厅服务员在客人结账之时应征求客人对餐饮的意见,并及时将意见反馈给厨师长,发扬优良之处,改进不足之处,力求不断进步。

2.前厅与后厨特殊的沟通处理

客人在用餐过程中,难免会发生一些特殊的或者意想不到的情况,前厅服务员必须及时有效地把客人的用餐要求与后厨进行沟通、协调。

(1)叫单

客人到达餐厅后,人没有到齐可以先点菜。服务员最好确认客人到齐的时间,好让厨房安排出菜。点菜后,服务员要在菜单上标明“叫单”,并附上客人到齐的时间,再将点菜单传至后厨,就是等客人到齐后再上菜之意。

(2)退菜

有些客人在开始点菜前,会事先告知服务员自己时间很紧张,服务员可在菜单上注明,让后厨加紧制作,以减少因时间因素导致的退菜现象。在用餐高峰时段,如果遇到客人用餐时间较紧张的情形,服务员可以推荐客人点制作简单而又不失档次的菜品。如果客人点的菜品较多时,服务员可以适当提醒一下,以减少客人退菜的可能性。若客人出现用餐中途退菜的情况,服务员应第一时间去厨房确认,如果此时菜品依然是半成品,可以考虑退菜;若菜品已经下锅或是成品,应解释清楚,委婉拒绝其退菜要求。总之,无论遇到以上哪种情形,前厅和后厨都要做好沟通。

(3)换菜

点菜前服务员需谨记当日厨房暂缺的菜品,不可以把它介绍给客人,若客人点到,服务员应及时解释并建议客人换菜。若客人出现换菜的情况时,服务员应尽量减少给厨房和餐厅带来的经济损失。如果菜肴质量有问题,且查验属实,服务员应答应无条件换菜并诚恳致歉,且及时把信息反馈给厨师长,以免事态扩大。

3.前厅与后厨沟通管理

前厅和厨房是一个整体,也是两个独立的部门,有着不同的功能和团队。要形成一条优质的服务链,它们必须通力合作。

不论前厅还是后厨,都要有"以客人为中心,让客人满意加惊喜"的服务意识。作为直接面对客人的前厅,对于客人的合理要求必须无条件满足;作为二线的厨房则服从于前厅,对于服务员的工作要全力配合。一道菜从制作到成品,从出菜到上菜,有多道工序,需要两方层层把关、层层负责的合作。

前厅与后厨,互相依赖又各司其职,工作过程也是磨合过程,沟通与理解非常重要。餐厅需尊重厨房的劳动,虚心学习烹调知识,积极主动宣传、推销菜品,及时将菜肴的风味特点告知客人,以展示厨师的烹饪技艺;厨房应不以大厨自居,不厌其烦地满足餐厅服务的工作要求,为餐厅对客服务创造有利的条件,为客人提供一次愉快的用餐经历,这些对于提高餐厅的整体形象和声誉是非常有帮助的。

二、餐厅菜单类型及其服务

(一)菜单概述

菜单,即邮轮餐厅提供的列有各种菜肴的清单。

广义的菜单指邮轮餐厅中一切与产品、价格及服务有关的信息资料,包括文字、图片、声像以及客人点菜后所写的点菜单。狭义的菜单指邮轮餐厅为了便于客人点菜订餐而准备的介绍该邮轮餐厅菜品、价格等内容的印刷物。

菜单是餐饮工作的指挥棒,菜单的设计、制作是餐饮计划管理的基础性工作。菜单是餐厅经营者和生产者通过对客人需求的了解,以及对竞争对手产品的分析,结合资源的状况而制定的,是餐厅经营方针和经营思想的具体体现。每一个餐厅都力求推出体现自己特色、符合自己定位的产品。菜单在向客人传递餐厅信息的同时,也将客人的口味喜好反馈给了经营者,从而促使餐厅不断改进菜肴质量、推陈出新,在满足客人需要的同时又能增加利润。一份精心设计的菜单,会雅致动人、色调得体、洁净亮丽,读起来赏心悦目,看起来心情舒畅。这些都是邮轮餐厅良好管理和高品位企业文化的反映。

（二）菜单的类型

①按用餐时间分为:早餐菜单、正餐菜单、夜宵菜单等。

②按菜品风味分为:中餐菜单、西餐菜单、其他风味菜单等。

③按产品类别分为:菜单、饮料单、酒单、甜品单等。

④按消费对象分为:餐厅菜单、酒廊茶座菜单、客房用餐菜单等。针对某些特殊消费群体的也属此类,如儿童菜单、家庭菜单、素食菜单、减肥菜单等。

⑤按服务对象分为:对外菜单(邮轮各用餐场所营业菜单)、对内菜单(邮轮员工餐厅内使用)等。

⑥按使用时间分为:固定菜单、变动菜单、即席菜单等。

⑦按使用目的分为:销售菜单、生产菜单、教学菜单等。

一艘邮轮应使用多少菜单,主要取决于有多少数量及种类的餐饮服务设施和餐饮服务项目,以及各餐厅每天的开餐次数与时间。邮轮使用的菜单越多,通常说明它的餐饮服务设施越齐全,服务项目也越丰富。

（三）菜单服务

1.菜单设计原则

(1)以客人需求为中心

设计菜单,首先应明确目标市场,了解客人的需求,然后根据客人的口味及喜好进行设计,最好能方便客人选择,且能刺激客人食欲。同时需注意目标市场的饮食禁忌,如印度教徒不吃牛肉、穆斯林不食猪肉、中国汉传佛教徒不碰荤腥等。

(2)以经营特色为重点

菜单设计,可以以单一菜系为主进行风味特色设计;可以以大众化菜肴为主,区分高、中、低档进行风味特色设计;可以为不同团队进行风味特色设计,如团队餐、会议餐、宴席餐等的区分;还可以以经营散客、食街为特色进行设计。

(3)以客观因素为依据

市场货源、原料价格及库存,设施设备的优劣及数量,员工的技术水平和人数等因素都在一定程度上影响着菜单的设计。

(4)以尽善尽美为目标

菜单风格需与餐厅格调保持一致。菜肴营养成分合理搭配、荤素搭配、粗细粮搭配,保证传统菜做到位、创新菜做出名、时令菜做及时、地方菜做特色。菜肴定价以成本为中心,以需求为中心。菜单设计必须不断改革创新。

2.菜单制作

菜单制作,指在经过前期系统完整的菜单内容与价格等设计和确定的基础上,从事的菜单印刷设计与操作。

(1)内容编辑

菜单内容通常包括标题、正文和附加内容3个部分。

标题包括分类标题(冷菜、海鲜、羹汤等)和单个菜肴的名称。菜肴取名以简单易懂为佳。

正文向客人传达菜单内容,起到增加销量的作用。需要注意的是,菜单中标明的食物等级、新鲜程度、产地等必须与实际供餐保持一致。

附加内容包括餐厅地址、电话号码、营业时间、供餐类型、预订及付款方式等。许多餐厅都有自己的特色、趣闻、历史等,可以用故事或者诗歌的形式进行设计,有助于强化餐厅形象。

(2)版面设计

版面设计就是将菜单的各项内容按合适的顺序进行安排,将菜单名和描述性的语言布置于菜单之上。

正常情况下,西餐的菜单顺序为:开胃菜和汤—主菜—甜点。配菜、沙拉、三明治、饮料等,应根据情况和餐别决定。多种菜肴在同一类别中的顺序通常依据其受欢迎的程度和利润高低来决定。最受欢迎的和最高利润的菜品多置于明显的地方,方便客人识别,可用特殊方框框住,可放于整页中间,可放于显眼的图片旁,也可单列出来等。

(3)封面效果

多数菜单的封面效果都极富特色,设计完美的封面能表明经营场所的形象、风格、风味,甚至菜品的价位。封面上多印制餐厅的名称、地址、电话号码、营业时间,也可以将这些基本信息放在封底,以免封面过于凌乱。

三、餐饮服务准备程序

(一)服务人员的到岗

开餐前10分钟,所有员工必须进入指定的岗位,姿势端正地站在最有利于服务的位置上,女服务员双手自然叠放于腹前或自然下垂于身体两侧,男服务员双手放背后或贴近裤缝线。全体服务员面向餐厅入口等候游客的到来,为游客留下良好的第一印象。

(二)餐饮用具的到位

准备好并彻底清洁就餐房间,摆好餐桌,擦亮餐具和玻璃器皿,叠好餐巾,装满调味瓶,以及仔细检查餐具摆设情况,确定它们是否达到一致、是否具有吸引力以及准备是否得当。服务员和助理服务员的工作是从餐具柜开始的,餐具柜里包含服务过程中必需的所有物品,包括水、玻璃器皿、备用餐具、面包卷、各种调味汁以及胡椒碾磨器等等,服务开始前需要把这些东西准备好。酒侍要准备一些可能用到的物品,如倾倒沉渣(并不常见)的酒壶、备用玻璃杯、酒水推车以及冰桶。自助餐厅也要行动起来,确保餐桌、自助餐区、饮料点和清扫区做好接待准备工作。

(三)卫生质量的检查

检查饮用水的供应,以确保饮用水的储存和输送设备是干净的,定期进行微生物分析以确保饮用水的安全。

检测食品储存或保存的温度,记录解冻工作,检查交叉污染。监督食品保护与储存的常规工作,以及贴标签和食品分配工作。

检查厨师和食品处理人员的制服、抹布或毛巾,以及洗手设施。

(四)餐饮事故的预防

开餐前,餐厅主管与厨师长进行沟通,核对前、后台所接到的客情预报或宴会通知单是否一致,以免因信息的传递失误而引起事故。同时,也要仔细检查公共设施与客用设施的安全与稳定性,尽量避免意外事件的发生。

四、餐饮卫生管理

(一)餐饮卫生管理的必要性

邮轮餐饮卫生直接关系到客人的身体健康,因此,邮轮公司的部门主管及服务人员都应该充分地认识到餐饮卫生的重要性，加大对邮轮餐饮卫生的监督管理，将餐饮卫生工作的各项细节落到实处。餐饮部门要着力检查经营情况，如应加强对加工场所的卫生环境、食物储存条件、服务人员卫生、餐具饮具卫生等方面的检查。对于不符合餐饮卫生规定的情况应及时进行处理 。

（二）餐饮服务卫生标准

1.服务人员卫生要求

邮轮服务员是直接面对客人的工作在第一线的员工，他们的言行举止、他们的仪容仪表，都直接影响着客人对此次邮轮旅行的评价。因此，作为一名合格的邮轮服务员，必须做到勤洗手、勤剪指甲、不留长指甲、不染指甲，养成良好的个人卫生习惯。同时，也要注意个人形象，勤换工作服，注重自己的仪容仪表。只有这样，才能给客人留下一个良好的第一印象。

2.餐厅环境卫生要求

游客在邮轮餐厅用餐，并不仅仅是为了满足在旅途中对于“食”的需求，更多的是为了在干净整洁、高雅大方的环境中获得一种精神上的愉悦。因此，清新的空气、适宜的温度、温馨而和谐的气氛，是邮轮上每一类型的餐厅都必须具备的。

此外，对于餐厅卫生方面的一些细节管理，也不容疏忽，比如尽量做到餐厅走廊过道、洗手间干净整洁；餐厅地毯、墙面、门窗清洁；花盆、艺术挂件等无污迹、无垃圾；工作台内物品分类摆放整齐；餐具、水杯完好无损，严格消毒，无手纹、无水渍；调味器皿完好无损，内装调料未变质、未发霉；台号、台布清洁；工作间、工作车无油腻、无垃圾；客人就餐结束后，台面铺设复原，无遗留垃圾，所在区域地面保持清洁，等等。

3.厨房卫生要求

上岗时厨师需按规定着装，不留长发和指甲，厨帽遮住头发，不戴首饰。严格执行《食品卫生法》，把好食品原料质量关，操作卫生，无差错。储存食材的冰箱鱼、肉分开，荤、素分开，生、熟分开，成品、半成品分开，定期清洁。隔顿隔夜食物需回锅。保证工作区域及食品加工设施干净。营业中，使用各种电器要严格执行安全操作要求，营业结束后要认真检查水、电、油以及机械设备和刀具保管的情况。各种物资账目清晰。若有设施设备损坏，及时报修。

4.服务工作卫生要求

服务人员在工作时不能对着食物咳嗽或打喷嚏，手指不能碰触餐盘中的食物，也不能碰触餐具和饮具；使用的抹布、垫布需保持干净清洁；不符合卫生要求的食品不能给客人食用;及时收回不干净的餐具和台布;餐具卫生要过四关:洗、刷、冲、消毒,力求无油腻、无污渍、无水痕及无细菌;食物在摆放区域分开,不得随意混淆以免破坏食物味道;随时注意清理餐厅杂物垃圾;服务客人时注意自身仪容仪表、言行举止需符合卫生规范。

(三)食品污染的预防

在各种条件下,外来的、影响食品食用价值和食品安全的生物、化学、物理性的病原物质进入食物的过程称为食品污染。受污染的食物一旦进入人体,可能对健康造成急性或慢性的危害。

按污染物的性质不同,食品污染分为3类:一是生物性污染,包括微生物污染(细菌、霉菌等)、寄生虫污染(蝇、蚊、蛆、蟑螂等)和病毒感染;二是化学性污染,包括农药、治疗用药(抗生素、磺胺)、工业三废及生活垃圾、食品添加剂(防腐剂)、食品容器和包装材料(塑料、玻璃制品)等对食物造成的污染;三是物理性污染,包括原子能开发利用(核爆炸、核电站)、工农业生产、医学生物学、食品工业(辐射性消毒)等导致的污染。

为了避免因食品污染而对顾客造成伤害,邮轮公司在经营餐饮时,应该从食材的挑选到食物的烹饪,各个环节层层把关,以杜绝食品安全问题的发生。

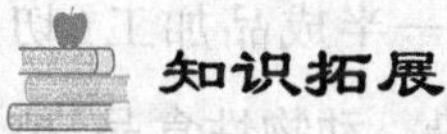
知识拓展

食物中的有害物

有一些食物,本来营养丰富,但同时也含有某些不利于人体健康的成分,如果在烹饪过程中处理不当,会导致游客身体不适或者中毒。主要有以下一些食物:

菜豆:需要充分煮熟,加热至青绿色消失后方可食用,特别是做凉拌菜时。

蚕豆:不要生吃新鲜嫩蚕豆,因为在春季蚕豆容易引起急性溶血性贫血。干蚕豆也要用水浸泡煮熟后方可食用。

豆浆:若未完全煮熟,人喝下会引发恶心、呕吐、腹胀、头晕、乏力等症状,故豆浆最好在沸腾后持续加热至100℃,泡沫消失后,再小火煮10分钟,等有毒物质被彻底破坏后再食用为好。

马铃薯:发芽或变黑绿色时,龙葵素(对肠胃黏膜有较强的刺激性,引发脑水肿、充血)增加,因此马铃薯最好低温、避光储存。

木薯:需要去皮切片、反复浸泡、再蒸煮才能去除有害物质亚麻仁苦苷(导致机体窒息、麻痹呼吸及血管)。每次不宜食用过多。

鲜黄花菜：烹饪前，应先焯水，然后用清水浸泡2到3小时并换水，高温处理煮10到15分钟后晒干再食用。

白果：生食会刺激肠道，引起黏膜细胞混浊、肿胀以及充血、水肿。遇热能减少毒性，尽量避免一次性食入过多。

（四）邮轮餐饮卫生的监督制度

邮轮餐饮卫生与安全是食品安全的重要内容，是邮轮食品安全监管的关键。邮轮餐饮卫生水平的好坏直接影响邮轮服务的质量，关系到客人的切身利益。

1.管理依据

目前，对邮轮餐饮卫生监管的法律，主要有《中华人民共和国食品卫生法》和《餐饮业食品卫生管理办法》。

2.管理规范

（1）餐饮部环境卫生

餐饮部地面环境干净，厨房整洁。

（2）餐饮部食品加工经营场所布局及设备设施

食品处理区布局需合理，按照"原料进入—原料处理（挑拣、清洁）—半成品加工（切配）—烹调—成品供应（备餐）"的程序布局，不得往返以免生、熟交叉污染。动物性食品、植物性食品、水产品的清洗要分开。加工、销售冷荤凉菜应当专间、专人、专用工具、专用消毒设施及专用冷藏设施。

（3）原料采购

不得采购《中华人民共和国食品卫生法》禁止生产的食品；采购时应索取发票以及查看食品卫生许可证、检验（检疫）合格证明，同时按规定建立登记台账。

（4）食品保管、储存

食品仓库应单独设置，保持通风干燥和整洁。库房内食品分类、分架、隔墙离地存放，并定期检查。及时清除变质和过期食品，生、熟食分开。不得于食品仓库中放置杀虫剂、洗涤剂等有毒、有害物品。

（5）食品加工制作

食品及原料应新鲜，蔬菜、肉类、水产品分池清洗，生、熟食台案、砧板分开使用，隔夜或隔餐食品应充分加热。各种用具每次使用后及时清洗消毒。

(6)自身卫生管理

法定代表人为邮轮餐饮部食品卫生安全第一责任人,负责制定食品卫生管理制度,组织从业人员进行健康体检及卫生知识培训,检查生产经营过程中的卫生状况,按期申换卫生许可证。

(7)从业人员卫生素质

有良好的卫生意识和职业道德,持有效健康证明上岗(一年一次体检)。如出现腹泻、手外伤、湿疹、发热呕吐、眼耳鼻溢液等症状应及时治疗,暂停接触食品工作。自觉养成良好的卫生习惯,保持个人卫生。

第三节 邮轮餐饮对客服务

一、邮轮餐饮对客服务程序

(一)中餐厅

1.摆台

摆台即为客人就餐摆放餐桌上的物品、确定席位、提供必需的就餐用具的过程。具体工作包括餐桌的布局、铺台布、安排席位、准备用具、摆放餐酒具、美化席面等。

①根据用餐人数、桌数、标准来准备摆台的餐具和用品。服务用具、用品有:托盘、台布、台号牌、菜单、牙签等。个人餐具有:装饰盘、骨盘、筷子及筷套、筷架、汤勺、翅碗、调味碟、酒水杯、餐巾等。

②洗净双手检查台椅后,按要求铺上台布,围上桌裙。放好转台,要求转台的圆心与圆桌的圆心重合,再定位。

③将餐具放在托盘内,左手持托盘从主人位顺时针摆放装饰盘定位,根据各邮轮公司的标准界定间距,多数遵循盘与盘相等、店徽图案对正。骨碟置于装饰盘上,味碟摆放在装饰盘或骨碟的正前方,翅碗放在装饰盘或骨碟的左前方,汤勺在碗内,勺把朝左。筷子架放在调味碟的右边,带筷套的筷子放在筷子架上,长柄勺放在筷子架的左边。

④中式餐厅一般用水杯、白酒杯、葡萄酒杯 3 种。先将葡萄酒杯摆在装饰盘正前方,白酒杯放在葡萄酒杯右侧,水杯摆在葡萄酒杯的左侧,成一直线。

⑤通常备菜单两份,有些餐厅是每人一份菜单。

⑥全部餐具摆好后,在餐桌中心放鲜花,最后整理、检查台面。

2.上菜

(1)上菜准备

准备托盘、上菜服务工具;熟悉上菜顺序;确定上菜的位置。

(2)上菜服务

从上菜处将菜肴送上餐桌,并注意菜肴摆放的位置及其搭配和间距;上菜时动作要轻,严禁将菜肴从客人的头顶越过;展示菜肴,报菜名,介绍菜肴;上热菜时,菜盘内放置服务叉勺;上汤时需要先分汤;若有孩童用餐,将热菜、热汤远离并提醒注意;菜品若有配菜、佐料需上齐勿遗漏;若上有壳菜品要跟上小毛巾和洗手盅;菜齐后询问客人是否有其他需要。

3.分菜

(1)分菜准备

准备分菜用的物品,如服务叉、服务匙、长筷等。

(2)分菜服务

桌上分让式,使用服务叉、服务匙分菜:从上菜口将菜肴送上餐桌;展示并报菜名,站在客人左侧,分菜的同时介绍其特点;每位客人菜品的量需要搭配均匀。

两人合作式,使用长筷、长柄匙分菜:从上菜口将菜肴送上餐桌;展示并报菜名,一名服务员站在上菜口,右手持公筷、左手持公勺分菜,另一位服务员绕台将餐碟移到分菜员处,从客人左侧送上。

服务桌式分菜,使用刀、叉、匙分菜:多用于宴会,服务员于上菜口将菜肴送上桌;报菜名、介绍菜肴特点后撤离餐桌,用托盘从右侧奉上已经分好的餐碟。

(二)西餐厅

1.摆台服务流程

(1)准备工作

服务员用消毒毛巾清洁双手;准备好各类餐具(刀、叉、勺)、台布、餐巾、鲜花等物品;桌椅摆放整齐,铺上台布,要求台布中缝居中、四边下垂长短一致、四角与桌脚呈直线下垂。

(2)摆放餐具

服务员在席位正前方摆放餐盘,摆在位正中,盘边距桌边 2cm。餐巾摆放于盘内,右侧向远离客人的方向 45 度斜放。在餐盘的右侧由外向里摆放开胃品刀、汤勺、鱼刀、主菜刀,匙心向上,刀刃向左,底部距桌边 2cm,柄把可摆成“一”或“品”字形,刀的间距为 0.5cm。餐盘的左侧与右侧对应,由外向里,摆放开胃品叉、鱼叉、主菜叉,叉尖向上,底边距桌边 2cm,柄把可摆成“一”或“品”字形,中间的叉比其他叉高出 3cm,叉的间距为 0.5cm。在叉的左侧放面包盘,面包盘的中心线与餐盘中心线在一条直线上。盘上放黄油刀,刀尖向上,刀口向左。餐盘上方放甜品叉勺,叉在下、勺在上,勺把朝右,叉把向左。在主菜刀正上方 2cm 放水杯,右边依次摆放红、白葡萄酒杯,三杯成斜“一”字形。如有香槟杯,则摆在红葡萄酒杯前方,烈酒杯摆放在香槟酒杯右侧,杯间距为 1cm。

(3)摆放烟灰缸、烛台等物品

服务员按照离座位的远近分别摆放烟灰缸、花椒瓶、盐瓶、花瓶、烛台(晚餐),将花瓶放于台面正中,盐瓶在左,胡椒瓶在右,与主位相对。

(4)检查摆台

服务员检查台面的铺设有无遗漏、是否符合规范要求。

2.点菜服务流程

(1)上餐前饮品

客人入座后,服务员向客人推销餐前饮品,饮品从右侧送上。菜单也从右侧呈送,可以将菜单打开至第一页,多数情况先递给女士、年长男士或者主客人。并留出足够时间让客人选择菜品。

(2)点菜

服务员在点菜单上标记日期、台号、就餐人数和自己的工号等信息。客人点菜时,应注视客人,满足客人需要并适时推销菜品,记录菜名。对于客人提出的附加要求,要备注于旁边,如牛排的生熟程度、客人用餐时间的特殊要求、菜肴的特殊要求等。

(3)复述点菜内容

点餐完毕,为避免出错,应向客人复述一次菜品内容,同时在点餐单上注明时间以备查。之后收回菜单,向客人说明大概的等候时间。

(4)分送点菜单

服务员将点菜单的相关联交给收银员,相关联交与厨房准备菜品,相关联自己留存,相关联放在餐桌备查。

3.取菜服务流程

(1)准备工作

服务员准备好洁净的托盘,并记住点餐单的时间、台号和菜品名。

(2)入厨房取菜

服务员应根据出菜时间和客人就餐速度,按顺序入厨房根据台号和菜名取菜,检查是否按客人的要求烹调。

(3)送菜入餐厅

服务员将合格菜品放置于托盘上,配汁、配料摆放妥当,热菜要盖好,核对取菜数量后,将点菜单中对应菜品划掉,送菜入餐厅。

(4)送菜上桌

服务员根据先宾后主、女士优先的原则,从客人左侧上菜,若客人不需要后续服务,致谢后离开餐桌。

4.酒水服务流程

(1)推介酒水

客人点菜后,服务员可根据所点菜品,向其推介与之搭配的红、白葡萄酒。

(2)填写酒水单

服务员站于客人右侧,确认所点酒水后填写酒水订单,并复述一遍,客人确认后,取回酒水单。

(3)取酒水

服务员取酒水单中相关联到酒吧取酒水,放置托盘上,最好根据客人座位顺序摆放,方便拿取。

(4)开瓶

取来酒水,服务员应用左手托住瓶底,右手握住瓶颈,展示酒牌给客人确认,待客人同意开瓶,用手或瓶启拧开瓶盖(啤酒、白酒适用)。若客人点的是白、红葡萄酒,则先切开封口,清洁后插入酒钻,转动钻柄直至钻头进瓶塞,再拔出瓶塞,其间不要转或摇动瓶身,待酒塞出瓶后,用干净布擦拭瓶口与瓶身,请客人确认商标与贴纸内容是否一致,再斟酒。

(5)斟酒

服务员站在客人右侧,左手托底、右手持瓶,酒标朝外操作。从主宾开始,按顺时针绕桌台服务,若有客人不需要,注意调换,女士优先。斟啤酒时注意慢速倾倒以免泡沫太多,沿着杯壁或者倾斜杯子都可。斟红酒或白酒,注意瓶口略高于杯 1 至 2 cm,斟完提高瓶口旋转后抽走可使酒不会浪费,再用餐巾抹净瓶口、瓶身。

5.上菜

(1)上面包、黄油

约开餐前5分钟,服务员将面包篮放在餐桌上或者提着面包篮一一让客人取用;每人两个黄油球用服务叉放入黄油碟,再置入托盘放于餐桌。

(2)上开胃菜

服务员将冷菜用冷盘盛放,热菜用热盘盛放,再附以调味品(汁),并入托盘,检查齐全后送上餐桌,从客人右侧奉上,遵循女士、客人、主人顺序进行。

(3)上汤

服务员将汤盛于汤斗内送上桌台分派,上汤时,手指不可触及汤汁,浓汤用汤盆盛放,清汤用清汤杯盛放。

(4)上主菜

服务员按照女士优先、先宾后主的顺序,从客人右侧依次送上主菜、蔬菜、卤汁。

(5)上甜品

服务员为客人送上冰激凌、水果、点心,记住同时配上匙。

(6)上水果

若餐桌上没有事先摆好水果盘,应该为客人送上洗手盅,再上水果并配好水果刀叉。

(三)客舱送餐服务流程

1.接受预订

订餐员应该在电话铃声响三声内接听,礼貌问好,明确客人的房号、姓名、订餐内容、送餐时间及饮食禁忌等信息。根据需要进行餐饮推荐,并复述一遍内容和特殊要求,告知等候时间并致谢,填妥订单后转交送餐员。

2.准备工作

送餐员接单后,根据时间要求将餐饮单送至厨房或酒吧,再备好餐车或托盘、口布、餐具、餐巾和账单及签字笔。取到食物和酒水,首先检查菜品是否符合要求,迅速做好保温措施,将菜品和酒水摆放整齐,再一次核实账单内容,确认无误后放入账单夹。

3.送餐

送餐员使用专用电梯进行服务,确认客房号码后敲门并告知“送餐服务”,开门后向客人问好,征得同意后进入客舱。按照客人要求摆好餐具及其他,将账单递给客人结账或签单。若客人无须其他服务,请其慢用后带门退出,回到餐厅,结清账单做好记录。

4.收餐

订餐员查询记录,若到了收餐时间(早餐为30分钟后,午晚餐为60分钟后),打电话给客人,介绍自己并询问是否用餐完毕,确认房号后通知送餐员收餐。送餐员收餐完毕,订餐员做好记录。

(四)葡萄酒服务程序

1.白葡萄酒服务

(1)准备工作

客人订完白葡萄酒,在5分钟内取酒,于冰桶中放入冰块和水,配上条状口布,将酒置于冰桶中,放在冰桶酒架上,商标朝上,并在客人饮料杯右侧摆上白葡萄酒杯。

(2)展示

左手持口布,右手持葡萄酒,酒瓶底部放在条状口布的中间,并拉起条状口布包住酒瓶,出示商标给客人,询问是否开启。

(3)开启

得到客人允许后,扶住酒瓶,用开酒刀割开铅封,擦干净瓶口,酒钻垂直钻入木塞,不旋转酒瓶,待酒钻全部入木塞,轻轻拔出。

(4)服务

服务员右手持酒瓶,商标朝向客人,从客人右侧倒入1/5的白葡萄酒,请客人品酒。客人认可后,按照女士优先、先宾后主的顺序依次倒酒,约酒杯的2/3即可。每倒完一杯,酒瓶顺时针旋转避免酒液滴漏,瓶口不沾杯口。倒完酒,酒瓶放回冰桶。

(5)添加

随时为客人添酒,一瓶倒完,询问是否再加一瓶,若不再加,客人饮毕,撤掉空杯。

2.红葡萄酒服务

(1)准备

客人订完红葡萄酒,在5分钟内取酒,放在酒篮中,商标朝上,并在客人饮料杯右侧摆上红葡萄酒杯。

(2)展示

拿起装有红葡萄酒的酒篮,出示商标展示给客人,询问是否开启。

(3)开启

得到客人允许,扶住酒瓶,用开酒刀割开铅封,擦干净瓶口,酒钻垂直钻入木塞,不旋转酒瓶,待酒钻全部入木塞,轻轻拔出。若客人有需要,可检查木塞是否有干裂发霉的情况出现,从而检查酒的质量。

(4)服务

服务员右手拿起酒篮,商标朝向客人,从客人右侧倒入 1/5 的红葡萄酒,请客人品酒。在客人认可后,按照女士优先、先宾后主的顺序依次倒酒,约酒杯的 1/3 或者 1/2 即可。每倒完一杯,酒瓶顺时针旋转避免酒液滴漏,瓶口不沾杯口。倒完酒,把酒篮放在客人餐具的右侧,不要将瓶口对着客人。

(5)添加

随时为客人添酒,一瓶倒完,询问是否再加一瓶,若不再加,客人饮毕,撤掉空杯。

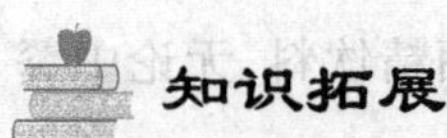

知识拓展

表 4-1　葡萄酒最佳饮用方法

出品方法	红葡萄酒	白葡萄酒
酒杯	红葡萄酒杯	白葡萄酒杯
操作方法	用红酒篮盛开瓶酒出品	用香槟桶冷藏开瓶酒出品
饮用温度	常温 18℃左右	8℃左右,冷藏半小时
出品状态	1/3~1/2 杯	2/3 杯

二、邮轮餐饮对客服务注意事项

(一)中菜分菜服务注意事项

服务员单人分菜时应使用叉匙或专用夹子,两人合作时用长把汤勺和长筷。派汤时,直接用长勺,汤中有菜时,需用长筷配合操作。分菜要做到均匀一致,尽量把优质的部分分给主要客人,亦可留两份左右以备客人添加。若菜品量大,可将剩余的食物用小盘盛好送上餐桌。若分菜时不慎将菜落在台面,可用干净布巾包起,清洁台面。

(二)斟酒服务注意事项

1.站位

服务员应站在客人右侧,右手持瓶依次斟酒。每斟完一杯酒更换位置时,要做到进退有序,动作规范大方,不要贴近客人身体或座椅,不可站于同一位置同时为左右两位客人斟酒。

2.持瓶姿势

为客人斟酒,正确的持瓶姿势应是:叉开右手拇指,其余四指并拢,掌心贴于瓶身中部,即酒瓶商标的另一方。握瓶时,手指用力均匀,使酒瓶握实手中,以避免酒液晃动,并防止斟酒时手颤。

3.斟倒标准

斟酒的标准应视酒品而定,各种酒品饮用时使用的杯具不同。

中餐斟酒标准一般是白酒斟八分满,红葡萄酒一般斟酒杯的1/3到1/2。西餐斟酒标准一般是红葡萄酒、白葡萄酒均为六分满;白兰地酒斟入杯中为一盎司(酒杯斟入酒后横放时,杯中酒液与杯口齐平);其他烈性酒斟倒量通常与白兰地相同。非酒精饮料,无论中餐还是西餐,斟倒标准均以八分满为宜。

4.斟酒顺序

一般酒水斟倒顺序是先斟主宾后斟主人,再斟其他客人。由于宴会规格不同、服务对象不同、民族风俗习惯不同、国籍不同,斟酒顺序皆不同。亚洲地区,多习惯先斟男士主宾再斟女士主宾,对于主人和其他客人沿顺时针依次斟。欧美地区多先斟女士主宾再斟男士主宾。

5.斟酒时机

斟酒时机分为两个阶段:宴会开始前和宴会进行中。

客人多数会在进餐前选定所用酒水,于宴会开始前5分钟之内将葡萄酒或白酒依次斟入每位客人酒杯中,待客人入座后,再依次为客人斟倒啤酒及其他饮料。

宴会进行中的斟酒,应在客人干杯后及时添斟;客人杯液不足1/3时及时添斟;客人互相敬酒时,可随敬酒及时添斟。

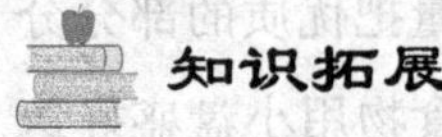

知识拓展

食品安全“0”问题

一艘邮轮上同时用餐的旅客人数少则数百人,多则上千人,而邮轮本身不太可能具备应对群体性食物中毒等食品安全事故的条件,因此一旦食品安全出现问题必然会暴发为一起重大的食品安全事故。我们认为,这里的食品安全“0”问题应该作为邮轮餐饮服务的基本要求而不应将其作为工作目标。根据美国疾病预防控制中心的统计,导致80%的食品中毒案件发生的五大原因分别为冷却不当(30%)、过早制备(17%)、患病的工作人员(13%)、二次加热不当(11%)、热后储存不当(9%),其他诸如生鲜原料污染、不安全的食品来源、剩菜反复使用、制作过程的交叉污染、加热过程加热不当、有毒物质的带入、添加剂滥用、解冻不当、水质污染、自身带毒食品及餐具洗涤不当等也是餐饮中常见的食品中毒案件根源,均应引起高度重视。(资料来源:管宇、陈捷等.中国国境卫生检疫杂志 2013 年 12 月第 36 卷增刊)

问题设计:

1.实训一次中餐摆台的过程。

2.邮轮餐饮卫生标准有哪些?

3.针对邮轮餐饮工作环境的特点,谈谈自己的想法以及从业意愿。

第五章

邮轮康乐服务管理

本章导读

随着邮轮业的不断发展，人们对邮轮康乐服务的需求也越来越多，很多人也已经将康乐活动作为生活中必不可少的内容，有些客人甚至将享受邮轮上的娱乐服务作为邮轮旅行的首要目的。可见，康乐部在邮轮上起着重要作用，亦成为邮轮业发展成功的关键条件之一。

学习目标

通过本章，我们主要学习邮轮康乐服务的概念、特点、重要性以及邮轮康乐服务项目设置、人员管理。

第一节　邮轮康乐服务概述

一、邮轮康乐服务

邮轮康乐活动是客人在邮轮上参与的主要活动之一，特别是国际知名的邮轮公司，如美国皇家加勒比邮轮、歌诗达邮轮、丽星邮轮等更是如此。邮轮活动多样化、场所大型化、康乐设施设备高端化是未来的发展趋势，所以各邮轮公司争相建造巨型邮轮。

邮轮是一个移动的酒店，邮轮康乐服务，意指员工通过商业销售、及时制作加工和服务型劳动等，于邮轮上向客人们提供的各种康乐活动服务的总和。邮轮康乐服务能满足客人的正当需求、提高邮轮的经济效益、稳定和增加客源、丰富邮轮上的生活。其种类繁多，能使人提高兴致、增进身心健康，主要包括康体活动、保健娱乐活动、休闲活动等内容。

二、邮轮康乐服务的特点

（一）从业人员专业技能高

邮轮上的康乐项目大多专业性强，技术要求高，所有服务员需要熟练掌握所负责的设施设备的性能、结构和特点，还要掌握相关的知识与理论、娱乐规则和比赛方式等，甚至还要具备娴熟的运动技艺。

（二）安全地位突出

邮轮除靠港外几乎所有时间都在海上航行，虽然邮轮上设有安全部门、医疗部门应对突发事件，但若遇到无法解决的问题时亦有可能无法及时寻求外援，所以安全问题至关重要。如康乐部健身项目的服务员，需要熟练掌握运动器材的性能和使用方法，并为客人做示范，专业技术性强；游泳池的救生员要时刻注意防止溺水事件的发生；桑拿房的服务员需要随时留意蒸房内的异常情况；针灸服务员涉及人体多个部位的识别，需要娴熟的技术，并时刻关注客人的状态。

（三）设施设备的维护、保养非常重要

设施设备是服务质量的物质基础，加强对设施设备的维护、保养是管理的重要组成部分，它关系到客人及员工的安全，决定了其使用寿命。按规范对设施设备进行精心的维护、保养，以利于正常运转，是十分必要的。

（四）消费主体的不稳定性

客人个人的兴趣、爱好、年龄、健康状况等因素会影响其前往康乐部门的次数和消费状况。在邮轮服务过程中，应针对不同客人的特点，采取不同的服务方式，从而达到较高的服务水平。例如儿童游乐区和老年游乐区的设置。

（五）邮轮康乐服务的全面性

邮轮以住宿为主，康乐为辅，周边的娱乐场所或设施为支撑，相对其功能性。邮轮康乐服务只能尽可能做到涵盖更多，如康体类活动（高尔夫、保龄球、台球、网球、健身房、游泳池

等)、保健类活动(桑拿浴、SPA、按摩、针灸、美容美发等)、休闲类活动(歌剧院、酒吧、攀岩、冲浪、蹦极等)。新型的康乐项目层出不穷,未来邮轮康乐服务会更加丰富多彩。

(六)经营管理的灵活性

邮轮康乐服务经营管理的灵活性主要表现在服务项目的设置和服务员的调配上。邮轮需要根据客人的不同需求提供种类多样的服务项目,另外还要依据相应的天气情况决定营业时间。

在一定时间内,邮轮上员工相对固定,所有员工由公司总部统一调配,在遇到一些偶然情况时,不能及时招聘新员工,只能在本部门内部或部门与部门之间灵活调配员工。具体情况具体分析,采用灵活的管理方式来达到好的经营效果。

(七)经营项目的选择性

康乐项目种类繁多,层出不穷,邮轮空间有限,不可能面面俱到,只能在有限空间内有所选择地设置康乐项目。在选择项目时,要依据航线上经过的不同国家或者地区的客源构成和居民风俗习惯、爱好等确定。

(八)经营管理过程中的协作性

邮轮康乐服务是一种综合性服务,它不仅要求在部门内部协调,还要与邮轮的餐饮部、购物部、摄影部等密切协作,保证活动顺利进行。同时,食品、酒水、水果、购物、摄影等服务也能及时提供。如邮轮上的泳池旁娱乐场所配有专门酒吧;自助餐厅设有专门的儿童游乐区;娱乐场所有专门的摄影师为客人摄影。

知识拓展

“海洋神话号”是皇家加勒比国际邮轮公司属下豪华邮轮之一。邮轮上除客舱之外,其余都是公众康乐场所,有健身室、按摩室、美容美发店、餐厅、酒廊、歌厅、表演舞台、高档餐厅、图书馆以及户外游泳池等基本设备。船上有儿童专用的游戏室、专为运动型客人准备的跑道,以及360度视野的休息室。还有让高尔夫球迷中意的18洞高尔夫球场。

三、邮轮康乐服务的重要性

(一)满足客人的需求

随着生活水平的不断提高,邮轮旅游作为热门的度假方式之一,已成为全球旅游业中增长最快的一部分。邮轮由于其移动性的特点，缺少周边娱乐性的支撑，而客人参与邮轮旅游的主要目的就是为了获取休闲娱乐的体验。因此，邮轮自身要具备提供多种康乐服务的功能，带领客人们前往世界不同的旅游目的地，提供从温泉、健身俱乐部、儿童娱乐设施到高尔夫、攀岩等各种各样的体育活动，以及满足各种年龄层次游客需求的活动。出游时间也可以根据客人的需求而订制，如两三天的短期旅游、一至两周的中长期旅游、两三个月的长期度假等。

（二）提高邮轮经济效益

邮轮上多种康乐服务项目带来了直接和间接的经济效益，特别是在一些大型的豪华邮轮上，设备设施的投资回收速度也较快，几年甚至几个月就可以收回成本，故邮轮康乐项目的经济效益是相当可观的。

（三）稳定和增加邮轮客源

现在邮轮趋向大型化、奢华化，这主要是出于满足客人的需求和增加营业收入的目的。邮轮载客到不同的港口参观，为客人提供了远离尘嚣、享受生活的场所，故邮轮上的康乐设施设备也影响着邮轮旅游的销售量。

（四）丰富邮轮生活

邮轮除了体现其交通工具的功能、提供基本的住宿和餐饮等生活需要外，还应该是一个包罗万象、应有尽有的小社会，在这里，客人们可以享受不同的服务，满足娱乐、自我实现及提高生活质量方面的精神追求。在邮轮业发展的初期，邮轮服务项目不多，随着社会经济的发展、客人需求的扩大，邮轮经营者也在不断改进服务，更大、更奢华的邮轮不断被设计制造出来，其设施设备也越来越多样化，如室外游泳池、高尔夫、网球等康乐设施。

第二节　邮轮康乐服务项目类型

一、邮轮运动服务项目

运动服务项目是借助一定的运动设备设施、场所，通过客人主动参与活动来调节心情，在愉快的气氛中促进身心健康，以达到休闲、交友目的的具有健身功能的体育活动。

（一）运动型项目

运动型项目主要包括健身器械运动、游泳运动、球类运动、冒险性运动。其中健身器械运动包括心肺功能训练项目、力量训练项目等;游泳运动有室内游泳项目、室外游泳项目;球类运动包括高尔夫球、网球、台球、乒乓球、保龄球等;冒险型运动包括攀岩、滑冰、模拟冲浪等。

器械的选择需高规格、高质量,减少故障率,才能为游客提供舒适的享受。在设计运动健身项目时,应根据邮轮实力和客人需要提供配套服务。客人的参与性是运动健身的基本要求,体育器材的正确用法,保龄球、台球的基本技巧,都需要服务员提供适当的技术性指导,并防止意外事故的发生。

1.球类

(1)高尔夫

曾经,高尔夫被称为“世界四大奢侈运动”之一,是一项费用较高的贵族运动。现在,热爱和参加高尔夫运动的人越来越多。邮轮上受规模大小的影响,提供的是新型高尔夫运动。有3D高尔夫和迷你高尔夫两种。

3D高尔夫是一种用现代科技手段模拟场景的高尔夫球场,并能反映出球员在该模拟球场打球的方位。具体设置为:在一间不到50平方米的房间内,用投影仪或幻灯机投射出某个100多公顷的真正球场的场景,场景的荧幕具有对击球力度的感应能力,可根据感应的力度和方向将球的影像及球的飞行轨迹反映到屏幕上,并通过计算机反映出球的飞行距离,使击球人产生似乎是在现实球场击球的感受。最后,还可以使用推杆将球推进洞穴。3D高尔夫球场的占地面积很小,是邮轮运动项目好的选择。

迷你高尔夫是用木材或水泥等材料制作出各种不同障碍的球道及洞穴,从9洞到26洞都有,室内或室外都可。

高尔夫比赛有比洞比赛和比杆比赛两种。比洞比赛前要先商定比赛的球洞数,之后一个洞一个洞的比赛,谁以最少的杆数完成谁获胜。一个洞的击球进洞杆数相等,则判该洞平分,最后赢的洞多者胜出。比杆比赛的胜负是在所有参赛者打完规定的球洞后,以击球进洞的累计杆数多少论定,所用杆数最少者胜。

(2)保龄球

保龄球,是指木板道滚球击柱的一种室内运动,具有娱乐性、趣味性和技巧性。由于它是室内活动,不受时间、气候的影响,也不受年龄限制,男女老少皆宜。现在,各大邮轮公司都将这项受人欢迎的项目设置在邮轮上,让客人体验海上保龄球的乐趣。

保龄球的器材由球道、球瓶和球组成。球道由助走道、滚球道和放置球瓶区构成,球道材质多为漆树木和松木。保龄球基本颜色为白色,3孔,中心以软木塞和合成强化橡胶混合，外层用硬质橡胶、塑胶或玻璃纤维包围。服务员应该依据客人的实际情况为其选择恰当的保龄球。

保龄球的比赛规则以局为单位，以击倒球瓶多少来计分定胜负。一局为十轮，每轮有两次投球的机会。如果在一轮中，第一次投球就把10个球瓶全部击倒，即全中，就不能再投第二次。唯有第十轮不同，第一次投球如果全中，仍要继续投完最后两个球；如果是补中，就要继续投完最后一球，结束全局。若两次投球未曾10瓶全击倒，第三次机会取消。比赛以抽签的方式决定道次。每局在相邻的一对球道上进行比赛，每轮互换球道，直至全局结束。最终均以6局总分累计决定名次的高低。

(3)网球

网球是一项优美而激烈的体育运动，通常在两名单打球员或两对双打组合之间进行。球员在网球场上隔着球网用网球拍击打空心橡胶球。网球运动量较大，可以提高心肺功能，增强体力；还有助于增强动作的连贯性、流畅性和协调性。由于仅需要握住球拍并击球，因此这是一项适合各个群体和年龄段的人进行的运动。网球场地按环境结构可以分为室内和室外两种，按地面材质可分为草地场、红土场、硬地场、地毯场等。

网球是一项需要耐力和爆发力的运动，因此，在每一次锻炼前要做好准备活动，以避免扭伤和肌肉拉伤。

(4)壁球

壁球所需场地小，是向墙上打的球，打球时，击球的一方需将球击向正面或侧面的墙壁，待球反弹回来，另一方才可击球。壁球可以单人练，也可二人对抗。这种室内项目不受季节、天气限制，可全天候运动，且老少皆宜，参与年龄非常广泛，但患有心脏病、高血压、呼吸道疾病的人群不适宜此项运动，其娱乐性、趣味性、消遣性强。

2.健身房

健身房是邮轮上必备的配套设施，其服务直接影响到客人对邮轮的整体评价。视邮轮规模，健身房可大可小，通常规划面积在60至110平方米或更大。健身房的室温应保持在18℃到20℃，照明充足，通风换气设施良好。多数分为4个功能区，准备区让客人可以做健身前的身体舒展，心肺功能训练区放置仰卧式自行车、跑步机、划船模拟机等既锻炼肌肉也增加神经系统敏感性的设备，体能训练区放置手臂推举机、屈腿重力机、仰卧起坐器、胸颈推举机、腰部旋转机、肩背训练机等多功能组合健身架，以及哑铃练习区域。

健身房宜适量装置墙镜，以利健身者自我欣赏，又可使健身房“扩大空间”。地板宜采用人造纤维的软地板，最新设计的健身舞室地台以枫木制造，内置高音喇叭箱及弹簧设备，使地台可以随音乐节拍震动。健身房还应配有体重秤、空调设备、音响系统、柔和灯光、室内电视系统、烟感和喷淋，以及饮水机。

健身房应尽可能与其他娱乐设施，如桑拿浴室、游泳池、按摩室、美容中心设计在一起，做到相互配套。且旁边要有与接待能力、档次和数量相当的男女更衣室以及淋浴室和卫生间。

3.戏水设施

(1)游泳池

邮轮上的游泳池根据邮轮规模大小和经营需要来设计建造，一般可以分为室内、室外、室内外综合等类型。还应有适合儿童的戏水区域。

室内泳池不受季节和天气的影响，任何时间都可以开放，水温、室温也较易控制，使用率较高。受规模限制，邮轮室内泳池相对较小。

露天泳池多位于顶层，视野开阔，周围海景尽收眼底。通常会依据功能分为儿童乐园区、沙滩泳池、主泳池、日光浴等。可以将不同的时节安排不同航线以保证客人能够体验最佳的气候。

室内外综合泳池具有室内和室外的优点，可以享受大自然的阳光、空气、风景，活动的天棚能根据天气和客人要求开启与关闭。

邮轮还需要配备男、女更衣间以及洗手间、水吧；池边地面使用防滑材料，且利于清洁；水系统设备应具备池水循环过滤、消毒、加温及溢流和补水功能。

(2)戏水游乐场

戏水游乐场是在人工营造的室内外环境中进行戏水活动的场所，具有游泳池的性质，但比游泳池更富有娱乐性，除了可以游泳外，还可以冲浪、坐水滑梯、嬉戏海浪等，客人能够在此处享受刺激和欢乐。

(二)冒险型项目

冒险型项目主要特点是富有刺激性，且多为被动式参与活动的机械设备。需要注意的是冒险型项目都用来满足年轻客人寻找刺激的需求，所以安全问题十分重要。

1.攀岩

攀岩是从登山运动中衍生出来的竞技运动项目，对象主要是岩石峭壁或人造岩墙。攀登时不用工具，仅靠手、脚和身体的平衡向上运动，手和手臂要根据支点的不同采用各种用力方法，如抓、握、挂、抠、撑、推、压等，所以对人的力量要求及身体的柔韧性要求都比较高。攀岩时要系上安全带和保护绳，配备绳索以免发生危险。该项运动主要以攀岩者的攀登时间长短来决定胜负，它集健身、娱乐、竞技于一体，既要求参与者具有勇敢顽强、坚忍不拔的拼搏、进取精神，又需要具有良好的柔韧性、节奏感及攀岩技巧，这样才能娴熟地在不同高度、不同角度的陡峭岩壁上轻松、准确地完成身体的腾挪、转体、跳跃、引体等惊险动作，给人以优美、流畅、刺激、力量的感受。

惊险、刺激是攀岩运动最根本的特点，同时此项运动能充分满足人们回归自然、寻求刺激，从中挑战自然、挑战自我的欲望。邮轮上的攀岩主要以娱乐为主，采用人工岩壁的形式。

2. 室内跳伞

室内跳伞主要使用的是风洞舱，主要由进气段、动力段和飞行区等部分组成，通过人工制造和控制气流，能够将客人在一个特定的空间里吹浮起来，让人既能体会到太空漫步的奇妙感觉，又可以直观地了解空气动力学知识和风洞实验技术。以训练为目的开发的跳伞情境模拟器，能模拟跳伞时所遇到的各种气流，借助对气流流向和强度的调节，体验“大鹏展翅”、“空中翻滚”等特技。

3. 滑冰

滑冰运动不仅能够锻炼、增强人体的平衡能力、协调能力以及柔韧性，而且可以提升人的心肺功能和有氧运动能力，能够有效锻炼下肢力量，还有很好的减肥效果。对于青少年来说，滑冰有助于其小脑发育。邮轮上的溜冰场一方面可以用作观看溜冰演出，另一方面可以向客人开放，进行溜冰活动。

二、邮轮娱乐服务项目

娱乐项目是指在一定的环境或设施条件下，客人通过参与一定形式的或自助娱乐形式的文娱活动，得到精神上的满足。

娱乐项目包括的范围比较广泛，人们日常生活中的歌舞类项目（歌舞厅、酒吧等）、游戏类项目（棋牌游戏）、视听阅览类项目（书报阅览）、表演类项目（歌舞表演、乐器演奏）都属于这类。

娱乐活动场所应高雅、洁净且具有一定的文化品位。娱乐活动场所吸引客人的主要因素是环境和氛围，内容丰富、品位较高的娱乐项目与洁净高雅的娱乐场所不仅能给客人带来愉悦的心情，而且会给客人带来宾至如归的感受。

（一）酒吧

酒吧是指提供啤酒、葡萄酒、鸡尾酒等酒精类饮料的消费场所，它是邮轮娱乐不可或缺的一部分。BAR 多指娱乐休闲类的酒吧，提供现场乐队或歌手、舞女表演，高级的 BAR 还有调酒师表演精彩的花式调酒。而 PUB 和 TAVERN 多指英式的以酒为主的酒吧。酒吧的主要形式有以下几种：

1.主酒吧

主酒吧大多装饰美观、典雅、别致，具有浓厚的欧洲或美洲风格，视听设备完善，并配有足够的靠柜、吧凳，酒水、载杯及调酒器具等种类齐全，摆设得体。许多主酒吧的另一特色是有具有各自风格的乐队表演或向客人提供飞镖游戏。到此消费的客人大多是来享受音乐、美酒以及无拘无束的人际交流所带来的乐趣，因此，对调酒师的业务技术和文化素质要求较高。

2.酒廊

这种酒吧形式在邮轮大堂和歌舞厅最为常见，装饰上一般没有突出的特点，以经营饮料为主，另外还提供一些小吃。

3. 服务酒吧

服务酒吧是一种设置在餐厅中的酒吧，服务对象也以用餐客人为主，多位于西餐厅。西餐厅服务酒吧较为复杂，除要具备种类齐全的洋酒之外，调酒师还要具有全面的餐酒保管和服务知识。

4.宴会酒吧

这类酒吧是根据宴会标准、形式、人数、厅堂布局及客人要求而摆设的酒吧，临时性、机动性较强。

5.外卖酒吧

外卖酒吧是根据邮轮旅游的需要，在某一地点临时设置的酒吧。

6.多功能酒吧

多功能酒吧大多设置于综合娱乐场所，不仅能为午、晚餐的用餐客人提供酒水服务，还能为赏乐、蹦迪、练歌、健身等不同需求的客人提供种类齐备、风格迥异的酒水及服务。这一类酒吧综合了主酒吧、酒廊、服务酒吧的基本特点和服务职能。具有良好的英语基础、技术水平高超、能比较全面地了解娱乐方面的有关知识，是考核此类酒吧调酒师能否胜任的 3 项基本条件。

7.主题酒吧

这类酒吧的明显特点即为突出主题，到此消费的客人大部分也是来享受酒吧提供的特色服务，而酒水却往往排在次要的位置。

（二）剧院

邮轮上的剧院是进行重要演出活动，如大型音乐演出、喜剧表演、歌舞表演或者魔术表演的场所。剧院也是最大的游客集中区域，既可以用于应急演习，又可以作为岸上旅游的集合地点。通常每天晚上有2到3场表演。表演活动是按照时间滚动进行的，这样的设计确保节目看起来新鲜、有趣和新颖。

知识拓展

"海洋神话号"大剧院内的百老汇演出，令人耳目一新，舒适的座椅与高贵的剧院空间，令人流连忘返。高空魅力秀更是令人叹为观止，置身于此仿佛步入了神秘的国度。现场乐队将优雅的环境烘托得更为淋漓尽致。

"海洋航行者号"，每天都是别具一格的狂欢节，带你尽情享乐。无论是美不胜收的冰上演出、激情四射的百老汇歌舞，还是热闹非凡的梦工厂明星大巡游，都是精彩绝伦的感官享受。豪华剧院是富丽堂皇的双层大剧院，拥有多功能舞台布景设施，足以满足专业级别的演出需求。炫目的伦敦西区风格的舞台音乐剧、现代音乐剧、梦幻魔术表演、高难度的杂技表演轮番上场，还有美国百老汇专业演员表演的百老汇舞台剧、音乐演出和特别表演等，每晚风格各异，绝对不容错过。

（三）赌场

赌场是专供赌博的场所，包括海上赌场、地下赌场、网上赌场、真人赌场等种类，这里主要介绍的是海上赌场。由于很多国家都禁止经营赌场，故出现了在豪华邮轮上的赌场，其在公海航行时运作，不受法律管制。

现代邮轮往来于世界各大邮轮航线，主要以客人观光游览和休闲度假为主，赌场的开设除了能使邮轮获得盈利，还能使客人见识博彩文化、消遣休闲。邮轮赌场大多在公海航行时开放，个别国家的港口也允许进行赌博交易，甚至在邮轮停靠时也可以。赌场必须依法经营，也受到最为严格的监控。大多数邮轮赌场面向21岁以上的客人开放，也有部分邮轮将客人年龄放宽至18岁。

客人使用签单账户购买老虎机代金券或赌博筹码，每日购买有一定的上限。赌场内不允许吸烟，禁止使用照相机或摄像机，邮轮公司会告知客人相关的赌场礼仪规范。

三、邮轮保健服务项目

保健娱乐项目是指通过提供相应的设施设备或服务作用于人体，使客人达到促进血液循环、消除疲劳、恢复体力、养护皮肤、改善容颜等目的的活动。其项目特点是参与性强，可使参与者达到放松肌体、焕发精神的目的。目前保健服务项目主要包括：足疗、药浴、淋浴、温泉浴、洗浴桑拿、按摩保健等。

无论是按摩、搓背，还是足疗，都需要由受过专业训练并取得上岗资格证书的人员来提供服务。专业服务人员的水平关系到项目的经营效果，也关系到客人评价的美誉度，可以说，专业人员是保健服务的基础。

保健类服务，服务员会直接碰触到客人的身体，其卫生条件的高低对客人的身体健康非常重要。所以保健类服务员个人卫生要做好，用品、设施必须严格消毒，因为，卫生是保健服务的保证。

在服务过程中，若服务人员操作失误或设施设备出现故障而对客人造成伤害，邮轮负有不可推卸的责任，因此顾客安全是保健服务的出发点。

（一）按摩

按摩师运用推、拿、按、滚、摩、摇、扳、牵、振、拨、揉、捻、弹、扣、扫、挤等手法辅以踩背法，对客人身体的不同部位或经络进行按摩，从而达到促进血液循环、疏通经络、消除疲劳、增进健康的目的。

1.按摩适应及不适应的群体

适应群体：神经衰弱、失眠、健忘者；轻度感冒、消化不良者；急性软组织损伤、慢性劳损性无皮肤破损者；骨关节的滑膜嵌顿和细微错动者；创伤后肢体关节僵直粘连及软组织挛缩、肌肉萎缩者；骨关节病及麻痹引起的肢体疼痛、关节活动不便者；骨关节可逆性畸变者。

禁忌群体：精神病患者；妊娠3个月的孕妇；有皮肤病或按摩部位有皮肤损伤者；有传染病者；有出血倾向的血液病患者；严重心肺疾病患者；骨关节结核、骨髓炎、老年骨质疏松者；骨关节或软组织肿瘤者；急性软组织损伤者；急性脊柱损伤伴有脊髓症状和椎体重度滑脱者。

2.分类

按摩可分为：泰式按摩、中式按摩、韩式按摩、日式按摩、欧式按摩、港式按摩、热石按摩、BODY-FIT 按摩、TOUCH-LIFE 按摩、淋巴按摩等。

泰式按摩：是各种按摩方式中最为激烈的一种，采取脚踩、肘推，按摩部位以全身的关节为主,达到消除疲劳、强身健体的效果。由泰国御医吉瓦科库玛结合古印度传入的按摩手法及中国移民的按摩手法创造出来,其技法被铭刻在瓦特波卧佛寺的游廊壁上,那里被称为“泰式按摩基地”。

中式按摩,是中国传统医学的重要组成部分,融合了中医理论的精华,以经络穴位按摩为主,其手法渗透力强,可以放松肌肉、消除疲劳、调节人体机能,具有提高人体免疫力、疏通经络、平衡阴阳、延年益寿之功效。

韩式按摩,由家庭按摩改良而成,松骨是其一大特点,推油和热敷是其主要内容,按摩师的通常步骤是顺着肩胛骨、脊椎、胯骨的骨缝用扳的手法进行松骨。放松四肢后,再用麦饭石或热水袋热敷,放置于肩关节和脊椎骨处。待毛孔张开,按摩师将按摩油倒入掌心搓热,进行背部和四肢的推油。另外还附加洗脸、洗头、采耳、修甲、中草药沐浴等步骤。

日式按摩,一说源于中国,由商人将技法带至东瀛(未得到明确证实)。按摩师跪在客人背上,用膝盖进行按摩,极具日本特色。

欧式按摩,源于古希腊和古罗马,以推、按、触摸为主,加上压、捏、揉、搓、提、抹等手法,搭配芳香油,沿肌纤维走行方向、淋巴走行方向、血管走行方向,给人轻松、自然、舒适的感受。

热石按摩,是将按摩石经过特殊加热后,放置在皮肤与经络上,利用深层的热传导方式把热力输入客人体内,再经由反射穴点的传导,对肌肉组织和关节具有调节作用,辅以按摩精油能更好地发挥功效。

淋巴按摩,目的在于加强淋巴循环的律动,是由按摩师沿着体验者淋巴流向进行推、擦,以拇指指腹或其余四指并拢在淋巴结的每个位置反复进行。

(二)桑拿

桑拿源于芬兰,故又名芬兰浴,是在封闭的房间内,利用蒸汽对人体进行反复干蒸冲洗的冷热刺激,使血管反复扩张及收缩的理疗过程,能增强血管弹性、预防血管硬化,对关节炎、腰背肌肉疼痛、支气管炎、神经衰弱等都有一定的保健功效。

桑拿可以分为干蒸、湿蒸;或分为芬兰式、泰式、日式、韩式等;还可以分为蒸汽桑拿、远红外桑拿、电气石汗蒸,等等。

蒸桑拿是一种时尚与保健兼备的休闲娱乐方式,喜好者众多,其基本方法和程序如下:

浴者更衣,首先入浴室洗去浮尘,然后到水按摩池内泡浴,分冷水按摩池(4℃~8℃)或者热水按摩池(37℃上下)。池中设水流喷口,能起到按摩肌肤的作用。再进入干桑拿房,可拿起木勺舀清水浇在灼热的桑拿石上,产生大量蒸汽,一般客人会大汗淋漓。在桑拿房待两三分钟或者一二十分钟，视每位客人的体质及耐受力情况不同而定。至于湿桑拿，是自行调节蒸汽阀门。从桑拿房出来，可以选择在沐浴室沐浴后再入按摩池泡浴；还可以桑拿房、冷水浴反复出入，从而使肌肤在骤冷骤热中锻炼、提高免疫力。最后在休息室内休息或按摩。

患有慢性疾病、高血压、低血压、心脏病、皮肤病的客人，不宜洗桑拿。

（三）SPA

SPA 源于拉丁文“SOLUS PAR AGULA”，即水疗和养生。早期是以具有疗养效果的温泉和矿泉区为主，现在演变成一种集医疗、美容、减压于一身的休闲健康新概念。形式各异的 SPA 包括冷水浴、热水浴、冷热水交替浴、海水浴、温泉浴、自来水浴。每一种都能在一定程度上松弛、缓和紧张、疲惫的肌肉和神经，清除体内毒素，预防和治疗疾病。若再配上芳香精油按摩，会加速脂肪的燃烧，获得瘦身的效果。

现代 SPA 是透过人体的五大感官功能，即听觉（疗效音乐）、味觉（花草茶、健康饮食）、触觉（按摩）、嗅觉（天然芳香精油）、视觉（自然或仿自然景观、人文环境）等达到全方位的放松，将精、气、神三者合一，实现身、心、灵的放松。美容美体、抗压力、瘦身、加快新陈代谢、促进排汗都是 SPA 特有的功效。例如，美容美体多指用水疗配合海藻之海洋疗法，经由皮肤吸收多种矿物质与微量元素，恢复人体内部平衡，辅以淋巴循环的渗透与刺激，排除毒素并维系良好身材。

（四）针灸

针灸，是以针刺艾灸防治疾病的方法。针法是用金属制成的针，刺入人体一定的穴位，运用手法，以调整营卫气血；灸法是用艾绒搓成艾条或艾炷，点燃以温灼穴位的皮肤表面，达到温通经脉、调和气血的目的。

针灸具有疏通经络的作用，可使瘀阻的经络通畅而发挥其正常的生理作用，这是针灸最基本、最直接的治疗作用。因经络不通，气血运行受阻，则疼痛、麻木、肿胀、瘀斑等症状相随。针灸还有调和阴阳的作用，疾病发生，可以说是阴阳失衡导致，通过调节经络阴阳属性，配合经穴配伍、针刺可完成治疗。针灸还可以美容，治疗成人痘和减肥疗效显著。

针灸治病一说，还有着扶正祛邪的解释。其疗法有着广泛的适用性，操作简单，医疗费经济，副作用小，故世界 140 多个国家和地区都有涉猎，甚至发展出异域特色。

（五）氧吧

人体由细胞构成，细胞的活力取决于人体吸收的碳水化合物与氧的化学反应能力。现代社会紧张的工作和快速的生活节奏,使人体的耗氧量增大,就可能使人因供氧不足而疲劳或患病,可能会有记忆力衰退、神经衰弱、头疼、失眠、反应迟钝、消化不良、免疫力下降、内分泌失调、生物钟紊乱等一系列问题出现。这时候,需要增加体内氧含量,提高血红蛋白的供氧能力。较为简单有效的方法就是吸入纯氧,氧吧应运而生,被誉为“空气维生素”。近几年,邮轮上也可以为客人提供天然氧吧服务了。

四、邮轮美容美发服务项目

一般情况下,邮轮上的美容美发设在相通的两个房间里。要求拥有现代化的设备、技艺高超的美容师和美发师,以满足客人的需求。美发店主要提供美发、护发服务,包括洗剪吹、焗油、染发、发型设计、卷发、修面及新娘梳头、梳理晚妆等;美容店主要提供美容服务,包括面膜、深层清洁、手部颈部护理、除皱、文眉、修眉、化新婚妆,以及美体服务等。

(一)发型设计

邮轮上发型设计室不同于普通理发室,必须拥有现代化的理发设备、选择性丰富的染护发产品、洁净的理发工具和优秀的理发师。客人是来自世界各地的旅游者,发型各异、要求不同。理发师们应具有高超的技艺和足够的应变能力,设计出让客人满意的发型。

(二)美容护理

中外客人尤其是女性,都非常注意日常美容,故邮轮上需要有掌握现代审美技艺的优秀美容师,其美容室还需配备奥桑蒸汽机、高频谱仪、阴阳电离子仪、文眉机、蜡疗脱毛机、综合美容仪以及丰富的高档护肤品。

需要注意的是,从事相关行业必须由专业人士提供服务,目前大多数国家美容美发都需要持有相应行业主管部门颁发的资质证书。且卫生问题是关键,当地的卫生防疫部门对服务员的健康状况、设施设备及用料各项检查都十分严格。随着科技的进步,设备设施也需要不断更新。

第三节 邮轮康乐服务人员的管理

一、康乐服务人员的素质要求

邮轮上,康乐部门是保证邮轮正常运营的重要部门之一,有着自己庞大的人员系统,而康乐部总监是最高领导者，其业务水平的高低和工作能力的强弱，对康乐部门乃至整个邮轮经营都会产生十分重大的影响。

康乐部总监需要协调邮轮上的所有康乐活动，乐于社交，殷勤有礼，负责主持客人登船欢迎会和船上招待会，是邮轮员工和游客之间的沟通纽带。康乐部整个团队一般还包括：康乐部总监助理，是康乐部总监的得力助手；康乐部职员；活动协调员；潜水教练；音乐主持人；艺人；嘉宾艺人；喜剧演员；歌手；舞蹈演员；乐师；演说家等。

（一）康乐部总监必备的素质

1. 文化程度

邮轮康乐部总监应具有高等学校大专以上学历或同等学历，并且能熟练使用英语或者其他外语进行交流，以便更好地为邮轮客人提供服务。

2. 工作资历

登船工作前需具有多年的相关酒店或邮轮工作经验，其中至少有两年部门经理或主管工作经验。

3. 道德修养

应具有完美而高尚的人格，体现在谦虚谨慎、知书达理的道德品格、礼仪礼节上，而且要有勇于创新、敢于开拓的开放性意识。

4. 知识结构

应具备邮轮管理基础理论知识，具备康乐知识和相应的设备使用、保养知识，还应具备管理知识和销售知识。

5. 业务能力

应具备领导和管理能力，能够对康乐部的工作做到切实有效地组织和安排；能够指挥部下尽心尽力地工作，在组织能力、指挥能力和凝聚能力方面具有较高水平；能控制和利用人、财、物等条件为邮轮企业创造良好的经济效益。

6. 协调能力

具有较强的处理人际关系的能力。上下级之间有联系也有矛盾，能较好地协调部门之间和部门内部的人际关系，能够与他人良好合作，造就部门的团队精神。

7. 服务技能

应具有丰富的业务知识和熟练的服务技能。既懂得心理学，以掌握客人在娱乐方面的心理需求；还需具备谈吐大方、彬彬有礼、能歌善舞、口才流利和较高的文化修养等素质。必要时能亲自为客人服务，同时又能将这些知识与技能传授给下属，指导下属不断提高业务能力,为客人提供优质服务。

8. 认识能力

应拥有对康乐经营过程中的表象进行分析、综合、判断、推理等的认识能力,能够通过一系列的思维过程,总结出工作规律,并通过运用这些规律解决管理和服务中出现的问题,使工作顺利开展。

(二)康乐部其他人员的素质要求

1. 基本要求

康乐部工作人员必须具有高中以上文化程度;熟悉、遵守邮轮规章制度和涉外工作人员纪律条例;具有热情为客人服务的精神;工作认真,作风正派,身体健康,五官端正,精力充沛,仪容仪表良好;精通业务,并能熟悉外语,能用外语进行业务会话。

2. 各工种人员的素质要求

(1)理发美容师

熟悉理发和美容业务,能够根据客人的不同身材、年龄、脸型设计出让客人满意的发型;了解各种化妆品的化学成分与使用特点,并能根据客人的要求,设计美容方案。该项工作人员一般要有 3 年以上工作经历,并持有理发证书和专业美容培训证书。

(2)桑拿按摩师

熟悉卫生保健知识和按摩推拿知识,掌握人体肌肉组织结构和骨骼组织结构,能够为客人提供桑拿浴室内的一整套服务;正确掌握和运用按摩的整套程序及各种指法,并能够根据不同国家、地区客人提供该国、该地区客人所乐意接受的按摩法,一般需经专业学校培训,并有两年以上的实践经验。

(3)健身房服务员

熟悉卫生保健知识和安全救护知识,掌握人体肌肉组织结构与骨骼组织结构;熟悉器材性能,能够正确指导客人安全使用健身房各种器材,并为客人做出各种示范动作;要有强健的体格,满足客人提出的进行陪练的要求,能够根据客人的需要为客人制订健身或健美训练计划。一般应该经过专业体育学校培训并有一年以上的实践经验。

(4)游泳池服务员

熟悉游泳的基本知识,掌握各种游泳姿势和技能,能够为客人进行各种安全游泳姿势的示范;熟练运用,并能够指导客人运用游泳池内各种设备和器具;熟悉安全救护知识,当客人游泳发生危险和意外情况时,能够及时、迅速、安全、有效地作出判断,并进行救护。一般要经过专业游泳训练和游泳救生培训,并持有救生执照,有实践经验。

(5)娱乐场所服务员

熟悉各项活动的特点;具备良好的人际沟通技巧;掌握各类酒水价格,必要时能适当地进行推销。一般要有餐饮服务一年以上的实践经验。

(6)音响操作员

熟悉电工原理等知识,能够熟练操作、使用闭路电视的录像接收和放送设备,正确判断闭路电视、音响放送中出现的机械故障,并能够及时加以排除,保证图像清晰、音响正常;掌握机器设备的保养和维护知识,了解并严格遵守政府法令,保证放送质量,不出差错。一般需经专业培训,有从事声像技术工作两年以上的实践经验。

(7)工程维修人员

熟悉邮轮康乐部的设施设备情况,具有一定的设施设备维修知识和技能,既懂得维修设备,又了解保养常识。一般需要专业培训证书和相关工种4年以上工作经验。

(8)台球室服务人员

掌握台球的击球技艺和方法,了解台球的计分方法和操作规则,能够为客人示范,并与客人共同练习或比赛;掌握国际上不同的台球娱乐方式,具有使用台球配套用品的知识;熟悉台球室的一整套服务程序。一般需有台球专业培训经历和邮轮或酒店服务一年以上实践经验。

二、康乐部服务人员的招聘

(一)招聘工作的重要性

1.招聘工作是增补新员工的有效途径

一般情况下,由于邮轮公司与邮轮公司之间的竞争,邮轮公司会出现内部员工调动、自然裁员、老员工退休、新项目设置等情况,这些都需要新鲜血液。再加上邮轮康乐部员工流动性较大,故容易产生岗位空缺。弥补的办法就是招聘新员工,从而保证队伍的稳定性,以免影响正常的营运。

2.招聘工作是促进员工队伍优胜劣汰的重要手段

员工队伍应当保持稳定,可适当的流动亦是合理的,适当的流动可以使员工队伍保持活跃,促进整体素质的提高,从而提升服务质量和经营业绩。招聘工作就是通过对应聘人员在德、能、勤、技等方面的考核,择优录取,让更符合岗位要求的员工从事相应的工作。这样,有利于优秀员工的流入和不良员工的流出,使员工队伍处于良性流动状态。

(二)招聘员工的方法

1.招聘渠道

邮轮康乐人员的招聘有内部和外部两种,采用内部培养、提升和适当引进相结合的办法,以保证人员的有效利用和持续开发。

(1)内部招聘

内部招聘,就是从邮轮工作人员内部发现和挖掘人才,主要方法有布告法、推荐法和档案法,主要途径有以下几种:

提升,是从内部提拔一些合适人才来填补职位空缺,此举能使员工感到在组织中是有发展机会的,职业生涯是有前途的,对于鼓舞士气、稳定员工队伍非常有利。因为是内部提升,对邮轮业务的熟悉会让他们更容易适应。

工作调换(平调),是指职位不变更,岗位更换。此举可以为员工提供邮轮内部多种不同内容的工作机会,为其提升到更高一层职位做好准备。时间上,可以是长期,也可以是永久,多见于中层管理人员。

工作轮换,一般用于有潜力的员工,让他们在各岗位增加知识和经验的积累,为晋升作准备。

内部人员的重新聘用,主要是有员工因个人原因辞职后希望重新回到工作岗位,企业允许的话,对其的重新聘用。

(2)外部招聘

外部招聘可以弥补其内部招聘选择范围小、数量有限、易产生"近亲繁殖"的弊端,所以有时候邮轮也会借助网络、中介、人员推荐等渠道进行外部招聘。

网络招聘可以节省开支和时间,而且信息传播快捷、便利,早已成为邮轮常见的招聘渠道之一。

为了适应不同旅游者的需要,邮轮公司也倾向从世界各地招聘员工,除了网络招聘,还选择了邮轮代理商或者招聘中介进行代理招聘。公司提供招聘岗位的需求和岗位职责,而招聘代理商的专业招聘团队设计招聘方案,并负责在整个招聘过程中发布招聘信息、搜索人才、收集和遴选简历、进行人才评估等等,挑选符合职位要求的人员供邮轮公司甄选。代理招聘简单、快捷,有针对性,可节约招聘成本,降低招聘风险,是主要的招聘渠道。

随着各国邮轮市场的扩大,邮轮公司之间纷纷建立合作关系,借助各种会议时机,广为宣传,积极网罗人才。

邮轮公司也有现有员工推荐雇佣新员工的情况,可以节约招聘成本,培养一批对公司有向心力的可靠老员工。对于毛遂自荐的应征者,应给予礼貌和及时的回复。

2.招聘程序

(1)制订招聘计划

根据各不同康乐项目的特殊要求,制订相应的招聘计划;根据职位说明书的要求,制定招聘标准。

(2)确定招聘渠道

根据具体情况,确定是邮轮公司内部招聘还是外部招聘;若是外部招聘,可以登广告,从行业协会招聘,或者从中介服务以及私人推荐等等渠道进行。

(3)审阅应聘资料

通过应聘报名表或履历表了解应聘者的相关情况,包括姓名、年龄、住址、技能、文化程度、健康状况、工作经历等,以初步判断其是否能达到职位说明的要求。

(4)面试

通过面试,了解应聘者的仪容仪表、思维能力、表达能力、基本职业技能、诚实度等情况。

(5)技能测试

技能测试可以从两方面进行:一是通过口试、笔试测试其理论知识是否扎实;二是通过具体操作测试实际能力。

(6)核查资料

一方面进行应聘者资料的核实工作,并进一步了解其学习情况和工作经历及个人爱好;另一方面,通过原单位了解其工作态度、工作业绩、个人品质、健康情况等。

根据面试、技能测试、核实材料,可对应聘者能否适应工作作出基本判断。

(7)依据工作邀请函上的时间前往邮轮上岗

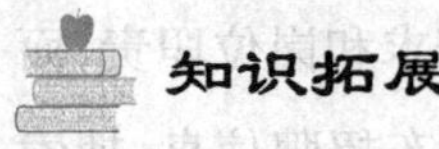
知识拓展

办理相关证件

在被邮轮公司录用后,需要办理相关证件,办理的证件包括:①护照、签证与工作邀请函。通过邮轮公司面试后,员工会接收到邮轮公司所寄出的工作邀请函,员工需持工作邀请函与护照办理相应的签证手续。②健康证、国际预防接种证。随着国际交流的日益频繁,疫情频发,对各国出入境人员有着卫生检疫需求,需要办理健康证以及国际预防接种证。③海员证、船员服务簿。这是通过相关海事部门专业考核所获得的海上从业证书。

三、康乐服务人员的培训与督导

对康乐服务人员的培训和督导工作，是邮轮娱乐部加强管理、改善经营、提高服务质量、稳定客源、增加收入的重要手段。培训又是康乐部服务人员提高自身能力、发挥作用、争取晋升、体现价值的有效途径。而督导工作则是培训的继续和延伸。

(一)培训

邮轮康乐部门员工的培训，是一个系统的过程。它提高员工的技能水平，增强员工对邮轮公司未来规划和理念的理解，以及改进员工的工作态度，旨在提高员工特征和工作要求之间的配合程度。

1.培训的作用

培训有益于客人、员工，也有益于企业。

(1)提高服务员的服务水平

通过培训，可以提高服务员对工作的认识，引导他们正确对待人生，正视各种社会现象，摆正金钱、物质与本职工作的关系，提高遵守职业道德的自觉性。

通过培训，可以使员工提高对服务质量的意识，自觉加强在服务态度、礼貌、礼节、操作技能、工作效率、心理素质等方面的修养，在工作实践中为客人提供优质服务。

(2)掌握专业技能

邮轮服务人员不仅需要具备基本的服务技能，还需熟悉、掌握相关专业技能，如游泳池救护员、按摩师、调音师等。要经过特定机构培训和严格考核之后，才能获得社会和行业认可的上岗资格。

(3)提高劳动效率

通过培训，提高员工技能，增强独立工作能力，有助于提高劳动效率；也可为员工创造晋升机会，激发其工作热情，提高康乐部的整体工作效率。

(4)降低经营成本

实践证明，人员非正常流动是造成邮轮企业劳动力成本过高的主要原因。计划周密、系统的培训，能减轻员工的工作压力，减少人员流动，提高工作水平，降低邮轮康乐部的经营管理成本。

(5)提高服务质量

客人判断服务质量的高低主要是依据员工的工作态度、工作能力等综合素质,所以这个也是康乐部经营成功与否的关键,故要提高员工的综合素质,必须做好培训工作。

2.培训的分类

常见的员工培训包括入职培训和在岗培训两种类型。

(1)入职培训(岗前培训)

入职培训,是所有员工正式进入邮轮工作前要接受的培训,目的是让新员工对邮轮工作特性与岗位职责有一个初步的了解和基本认识。对于初入邮轮工作的人,环境与人员的陌生、经验与岗位的暂时不适、理想与现实的落差,都可能会让其无法全身心地投入工作,不利于自身的发展,而入职培训可以缓解员工的焦虑和困惑,帮助其尽快融入工作环境,培养出积极的态度。

新员工的入职培训一般是两周到一个月,多采取集中课堂培训,同时对每名员工的培训效果进行测评。主要过程是由培训师介绍公司背景、经营理念、品牌特色、客源构成及需求、组织结构、规章制度等,帮助新员工了解公司文化,培养归属感。培训师们丰富的邮轮实务经验、较强的表达能力与沟通能力,都能让新员工受益匪浅。

(2)在岗培训

在岗培训,是对有一定教育背景且已在岗位工作的员工进行再培训。根据培训的目的不同,分为转岗晋升培训和改善绩效培训两种。

转岗培训,是对已经批准转换岗位的员工进行的,旨在使员工达到新的岗位要求。晋升培训,主要针对拟晋升人员,旨在使其达到更高一级岗位要求。转岗、晋升培训内容就是新岗位或高一级岗位的任职要求和技能的训练。

改善绩效培训,是希望员工提高工作绩效所进行的培训,内容涵盖公司经营理念、邮轮品牌特色、岗位规章制度、对客服务技巧等方面,通过集中授课、操作要领指导等方式进行。如皇家加勒比、歌诗达等邮轮为员工制作了书面及视频的培训资料,以便其学习,并接受考核。

在岗培训中,常见的方式是工作指导,即对某项工作需要做什么、如何做进行详细指导,侧重于工作岗位业务知识掌握、应变突发事件的能力培养,以及培训具体操作流程的熟练程度。培训过程,多由培训师解释和示范内容,再让员工自行练习,纠正其错误,直到其能正确履行岗位职责。

岗位工作指导对于完成单一的任务非常有效,其有效性归根于为员工提供了广泛的实践机会并收到针对性强的反馈。可是每名员工理解能力不同,遇到的问题也不尽相同,入职培训只是让员工具备了基本的岗位任职资格,若要提高员工对客服务的能力,工作指导是必需的。

3.培训的方法

讲授法:传统的方法,常被用于理念性知识的培训,便于培训师控制过程,但单项信息的传递、反馈效果不佳。

视听技术法:多用于邮轮企业概况、康乐服务技能的传授、概念性知识的培训,即通过视听技术进行的员工培训方式。优点在于视听方式直观鲜明,缺点在于实践性较差,成本高,内容过时快。

讨论法:多用于巩固知识,训练员工解决问题的能力,对培训师要求较高,分为研讨会和小组讨论两种。研讨会以专题讲座为主,允许员工与培训师进行交流、沟通,这种信息的双向传递、反馈效果较好,但是费用颇高。小组讨论,属于信息多向传递,极大程度地调动了员工的积极性,费用较低。

案例讨论法:多用于知识类培训,通过提供背景资料,让受训员工寻找合适的解决方法,反馈效果好,可以帮助员工学习分析问题和解决问题的技巧,费用较低;不过培训时间较长,与问题相关资料有时会不甚明了,影响分析的结果。

角色扮演法:多用于人际关系能力的培训,受训者会在培训师设计的工作情境中扮演角色,让其他员工在表演后作适当点评。这种方法能激发员工的热情,增加学习的多样性和趣味性。员工们在激烈的讨论中,懂得站在他人立场上考虑问题,可以让不同组的员工重复演出相同的情况,鼓励员工以轻松的心态演出,甚至可以让不同文化背景的员工演出,以了解文化间的影响。

自学法:多用于理念性知识的学习,由于成人学习具有偏重经验与理解的特性,让具有一定学习能力与自觉性的员工自学是既经济又实用的方法。

互动小组法(敏感训练法):多用于人际关系与沟通培训中,主要是让员工在培训中从自身经验出发,提高他们处理人际关系的能力,这种方法对培训师水平要求较高。

网络培训法:是较为常用的方法,也是未来的培训趋势。其方式使用灵活,可以节省员工集中培训的时间与费用,信息量大,新知识、新观念传递优势明显,投入颇大。

个别指导法:是由一个经验资深的员工,支持一位资历较浅者进行个人发展或生涯发展的体制。师傅,是教练也是顾问,帮助员工发展技能、建立自信、熟悉并掌握各项事务,慢慢让其成长并完成更重要的任务,之后升迁或加薪。在师傅的指导下,可以避免盲目摸索,尽快融入团队，获得丰富的经验，有利于传统的优良工作作风的传递。

场景还原法：主要是让新员工有机会从项目、任务、客户、同事等多个维度来了解事情发生的前因后果，其途径就是"活动流"。领导系统让员工根据工作需要进入相应的"活动流"中，例如"项目活动流"里的目标、资源、执行过程、文档等所有信息应有尽有，若接手一个新的项目，从里面可以了解任务执行的所有前期记录，因为"任务活动流"里记录了执行过程中的所有问题、解决办法以及客人反馈。若领导想了解部门员工，可进入每名员工的个人空间，里面有他们的工作、兴趣、爱好、工作真实进度、所提建议，以及所完成的项目、任务、文档等，这样领导就可以快速融入团队并开展工作。

（二）督导

1.含义

督导，指负有一定责任的基层管理者对其下属员工实施的以检查、监督、指导为主的一系列管理行为的过程。

2.内容

督导的内容包括仪容仪表、岗位纪律、服务规范、服务标准等方面。

3.基本方式

督导的基本方式包括制度管理、标准化管理、现场管理、表单管理和情感管理等。

（1）制度管理

制度管理是通过工作纪律、服务程序、服务规范等强制推行的规章制度，对员工的服务工作进行检查监督的一种管理方式。制度是员工行为的准绳，它规定员工在工作期间可以做什么、不可以做什么及怎么做才符合规范。

邮轮康乐部门的基本制度主要包括3个方面：员工手册、经济责任制和岗位责任制。员工手册是规定邮轮公司全体员工权利和义务及应共同遵守的纪律与行为规范的文件，涉及组织管理、劳动管理、劳保福利、考勤制度、奖惩制度、安全制度等方面。经济责任制是邮轮公司对康乐部门各岗位员工的工作业绩与经济效益挂钩，以合同的形式固定下来的一种责任制度，能有效激发工作积极性。岗位责任制是邮轮公司根据康乐部各个工作岗位的工作性质和业务特点，明确其职责、权限，并按照规定的工作标准进行考核及奖惩而建立的制度。

（2）标准化管理

标准化管理是指对服务工作制定出具体的量化标准，并以此标准进行检查、督导的管理方式。

(3)现场管理

现场管理是指督导、管理人员深入实际工作,亲临现场,观察和发现问题并当场解决问题的一种管理方式。康乐服务项目多、分布广,不便于集中管理,为保证各环节工作有效衔接和各岗位员工工作质量的稳定,督导、管理人员必须随时检查,随时示范指导。

(4)表单管理

表单管理是指通过各种报表、单据所提供的信息资料进行检查、监督的管理方式。表单包括上级对下级的指令单、活动通知单,下级对上级的报告书、建议书、统计表、工作日志等文字材料。文字表达、表格表达、图形表达根据具体情况变更。

(5)情感管理

情感管理是指通过“情感投资”来改善督导与员工之间的关系,以此来加强管理的方式。员工一整个船期都在邮轮上工作,工作压力、情感上的寂寞在每位员工身上都有不同的表现,因此,加强与员工的情感沟通就更为重要。管理人员行使管理职权时应尊重员工的情感和人格,热情对待员工,关心员工,使员工把为客人提供优质服务变为自觉的行为。

案例补充

8岁“小暖女”邮轮泳池溺水

2015年8月5日下午2时许,一名8岁女孩在“蓝宝石公主”号邮轮泳池游泳时发生溺水意外。8月6日凌晨船至上海后,小女孩被送往医院救治。晨报记者在医院见到了溺水女孩的母亲羊女士。女儿随妈妈姓羊,出生于2007年12月,刚读完小学一年级,是个“小暖女”。

2015年7月,她们通过浙江省中旅订购了该邮轮产品,按计划,小羊和妈妈羊女士搭“蓝宝石公主号”邮轮,8月2日从上海吴淞码头出发,前往韩国济州岛和日本福冈,8月6日返沪。8月5日下午,羊女士带着女儿来到邮轮14层的泳池玩耍。小羊游泳的地方有一方两圆三个游泳池,其中方形游泳池较深,两个圆形泳池为温水泳池,水很浅,专供儿童戏水。

女儿不见后,杨女士看到两位白人邮轮工作人员,上前用英文请求他们“我的女儿不见了,可以帮我找找吗?”但他们并没有理会我,羊女士告诉记者。通过回看监控录像并咨询医生,女儿溺水的时间有7~9分钟。羊女士说:“视频里看到,游泳池根本没有救生员。”

羊女士还表示,溺水发生后,女儿由邮轮上的医疗人员治疗,在邮轮上已切开气管上呼吸机,左膝盖位置穿刺。而当时事发公海,羊女士倾向的直升机送回就医的想法未能实现。邮轮在6日凌晨3时左右到达吴淞码头,“120”先把小羊送到宝钢医院,但宝钢医院不具备救治条件,后又转至新华医院。到达新华医院时,距离事发已近14小时。

案例思考:此次邮轮溺水事故,暴露了邮轮康乐服务管理中的哪些问题?

问题设计:

1.简述邮轮康乐服务的特点。

2.邮轮上保健类活动项目有哪些?

3.请阐述邮轮康乐部门员工招聘的重要性及其招聘方法。

第六章

邮轮旅游产品的销售

本章导读

随着我国社会经济的发展，邮轮旅游在我国逐渐成为一种新的旅游时尚。巨大的市场潜力和高额的经济收益驱动各大邮轮旅游企业纷纷抢滩中国市场，邮轮企业、邮轮港口城市之间的竞争日益激烈。由于旅游者对邮轮旅游产品的认知度不同，邮轮销售人员要帮助他们认识邮轮旅游产品，准确地定位信息，从而满足游客不同层次的需要，并让其感知到邮轮旅游产品是他们的最佳选择。

学习目标

通过本章，可以理解邮轮旅游产品的概念，熟悉邮轮旅游产品的销售渠道，掌握邮轮旅游产品的销售技巧。

第一节 邮轮旅游产品概述

随着全球经济的发展，邮轮旅游市场已经成为国际邮轮公司竞争的主战场，邮轮旅游产品也日趋多样化。在激烈的竞争中，各邮轮公司只有根据消费者的需要，开发出具有竞争力和较高价值的旅游产品，才能获得良好的经济效益，才能在竞争中立于不败之地。

一、邮轮旅游产品的内涵和构成

（一）邮轮旅游产品的内涵

邮轮，英文名为Cruise，原意是指海洋上定线、定期航行的大型客运及货运轮船，定位为一种交通运输工具。但随着航空运输业的发展，这种以交通运输为目的的大型客运邮轮慢慢地淡出人们的视线，取而代之的是具有现代意义的邮轮。今天的大型邮轮往往像一座“移动的五星饭店”，它具备了齐全的生活、休闲、娱乐与度假等各类设施，完全为观光游览和休闲度假提供服务。

邮轮旅游产品，顾名思义是指以邮轮为载体开发的旅游产品，它是一种组合型的海洋休闲旅游产品，是一种以大型豪华轮船为载体，以海上巡游为主要形式，以船上度假娱乐活动和岸上观光游览为主要内容的新型的旅游度假方式，素有“海上度假村”、“邮轮本身就是目的地”和“第四种旅行方式”的美誉。

（二）邮轮旅游产品的构成

1. 邮轮设施

邮轮的设施是邮轮旅游产品的重要组成部分，是指邮轮的规格大小以及船上的各类客舱、餐厅、娱乐活动设施等。邮轮的设施在不同的邮轮类型中不尽相同，大型邮轮拥有宽敞豪华的客舱、餐厅与剧院等，小型邮轮在内部装潢与艺术设计等方面也颇具特色。邮轮上一般拥有非常丰富的娱乐设施，电影院、剧院、赌场、免税店、棋牌室、舞厅、图书馆、网吧、青少年活动中心、健身房、游泳池、SPA 中心等等一应俱全。

2.邮轮航线

邮轮航线是将始发港、挂靠港以及目的地港等节点连接起来的邮轮海上航行路径，是构成邮轮旅游产品的基本条件和前提。邮轮航线设计必须最大限度地满足邮轮旅游者的需要，大致包括：去未曾到过的地方增广见闻并拥有多姿多彩的旅程；从日常紧张的生活中短暂解脱，舒畅身心；尽量有效利用时间而又不太劳累；尽量有效利用预算等。当然，航线设计还必须考虑不同季节水域的适航性与安全性、沿途景点的区位性与可及性等因素。

3. 邮轮服务

邮轮服务是指邮轮上的服务内容、方式、态度、速度和效率等。邮轮服务项目的多少、服务内容的深度也是邮轮之间竞争的重要环节。良好的服务是树立邮轮品牌形象、提高邮轮知名度的重要手段。

4. 邮轮气氛

邮轮气氛是消费者对于邮轮的一种感知，一方面取决于邮轮的空间布局、设施设备以及内外装饰装潢，另一方面取决于邮轮服务人员的仪容仪表、服务态度、服务特点与服务水平等。

5. 邮轮形象

邮轮形象是消费者对邮轮的综合看法，涉及邮轮历史、知名度、经营思想、设计风格、品牌定位等诸多因素。

6. 邮轮价格

首先，邮轮的价格由航线决定，长线的价格高于中短线。如歌诗达邮轮 4~7 天的短期航线价格大都在 2 000~5 000 元/人，15~17 天的航线价格大约在 8 000 元/人起。邮轮价格基本上都采用包价的方式。其次，邮轮的价格根据房间的类别和在船上的位置不同而实行差别定价。套房比普通客房的价格要高，阳台房、海景房、内舱房的价格也有差异。邮轮航次价格在一定程度上反映了邮轮旅游产品的质量，消费者常常通过邮轮航次价格来判断、选择邮轮。

邮轮旅游产品的六大要素相互关联，是邮轮旅游产品不可分割的组成部分。消费者在选择邮轮时会同时考虑这些因素，而不只是单方面考虑其中的一个因素，但不同的消费者在选择邮轮时，对每个因素的重视程度会有所不同。

二、邮轮旅游产品的特征

（一）特殊性

邮轮旅游的一切活动都是以“邮轮”这种复合型交通工具为载体而进行的，邮轮的移动性深化了旅游目的地之间的联系，促使游客的游览活动不再局限在单一旅游点上，而是伴随着邮轮在目的地之间的往返形成特定的旅游线路。

（二）综合性

邮轮既有水上运输的功能（交通的功能），又为游客提供餐饮、住宿、娱乐、购物、探险、度假等多项服务及体验，综合性强。

（三）娱乐性

一个完整的邮轮旅游活动从游客登船开始，除了挂靠港口停泊之外，游客的大部分时间都消耗在邮轮上，邮轮上的影院、剧院、棋牌室、舞厅等齐全的娱乐设施，就是为了满足游客娱乐的需要而准备的,因此邮轮旅游带有很强的娱乐性。

(四)体验性

邮轮旅游产品的体验性集中体现在物质体验和心理体验两个方面。邮轮的物质体验体现在对邮轮配套环节及娱乐的体验方面,邮轮上的美食、灯光、音乐及参与性活动等细节的打造都会影响游客的物质体验感受;邮轮旅游的心理体验则是邮轮品牌形象、邮轮整体氛围等因素综合作用的结果。

(五)内涵性

邮轮旅游自产生之初就是面向高端群体的一种活动,这类群体具有高收入、高学历的特点,对旅游景观的观赏性和文化性都具有较高要求,将文化与自然景观相结合,深化邮轮旅游产品的内涵才能更好地适应这类群体的需求。

三、邮轮旅游产品的类型

为了满足消费者不同的喜好和需求,邮轮旅游市场上的产品类型丰富多样。具体来说,有以下几种分类方式:

(一)按照产品特色分类

1.观光类邮轮旅游产品

是以满足旅游者乘坐邮轮观赏海洋、江河、湖泊及其所到达城市的自然风光、城乡风光、民族风情、名胜古迹、建设成就等为主要目的的旅游产品。消费者选择观光型邮轮旅游产品,更主要的目的在于观光和饱览异域风情。

2. 度假类邮轮旅游产品

是指游客依托邮轮及配套的住宿、餐饮、娱乐设施等所进行的以放松身心为目的的活动。消费者不在乎景观的多样性,因而度假型邮轮旅游产品所串联的旅游目的地较少。

3.文化类邮轮旅游产品

主要是指以满足游客了解邮轮发展历程、航行区域历史及腹地文化风情等为目的所开发的主题旅游产品。这类旅游产品要求有较为深刻和丰富的文化内涵,所吸引的对象一般具有较高的文化素养。

4. 商务类邮轮旅游产品

这类产品一般针对公司、企业,以利用邮轮举办各种会议及庆祝性活动为主要表现形式,对邮轮设施的功能性和服务专业性要求较高。

（二）按照母港出发地分类

1. 国内母港出发的邮轮旅游产品

近年来，运营从中国沿海港口出发的邮轮主要有歌诗达邮轮公司的“经典号”、“维多利亚号”、“大西洋号”、“赛琳娜号”邮轮，皇家加勒比邮轮公司的“海洋神话号”、“海洋航行者号”、“海洋水手号”、“海洋量子号”邮轮，丽星邮轮公司的“宝瓶星号”、“双子星号”等国际邮轮，也有少数本土邮轮推出的航线，如2013年投入运营的海航集团的“海娜号”邮轮。

以中国港口为母港的邮轮旅游产品主要是日韩航线、东南亚航线、港澳台航线，行程天数短，4~6天最为常见。这是因为我国的法定节假日多为3天，每年的春节和国庆长假为7天，这就决定了我国邮轮游客偏爱中短途产品，因而歌诗达、皇家加勒比等邮轮公司在我国开设的邮轮母港航线多为7天以内的短途航线。签证办理相对简单，而且因为从中国出发，船上会有相当比例的中国工作人员，所以语言方面也不会遇到障碍。

2. 国外母港出发的邮轮旅游产品

由于我国东北亚航线的季节限制以及东南亚航线的区域条件限制，加上我国游客邮轮旅游意识的增强，越来越多的国内游客选择了先出境、到达国外港口再乘坐邮轮的旅游方式，或称长线邮轮。邮轮旅游目的地主要以欧洲的地中海、北美的加勒比海等地区为主，行程天数跨度较大，以1~2周为主，也有一些环球航线。这类产品的一般特点是目的地为多国，登船地多在海外，这样就避免不了有一段飞机行程，签证手续相对复杂。若没有海外自由行经验或语言不通，建议选择跟团游，从国内登机开始即有中文领队全程陪同，安心省力。

（三）按照邮轮等级分类

按照所依托的邮轮品牌定位及邮轮等级，可以将邮轮旅游产品分为大众型邮轮旅游产品、高端型邮轮旅游产品和奢华型邮轮旅游产品。

1. 大众型邮轮旅游产品

歌诗达邮轮船队主要运营地中海航线，2006年进军中国市场，是世界上第一家在中国进行本土化业务的国际邮轮公司，它面对的就是群体比较大的中端大众型旅游市场。随后，嘉年华邮轮2007年进入中国市场，皇家加勒比邮轮2008年进入中国市场，它们都以中短线航程为主，适合大众型旅游消费者。除此之外，还有具有亚洲特色的丽星邮轮、中国本土自有的天海邮轮。

2. 高端型邮轮旅游产品

向旅游消费者提供高端型邮轮旅游产品的代表性邮轮有荷美邮轮、公主邮轮、精致邮轮、迪斯尼邮轮、冠达邮轮等。其中,公主邮轮成立于1965年,隶属于嘉年华集团,拥有18艘现代邮轮,以创新的船舶设计,多样化的餐饮、娱乐及休闲体验和卓越的宾客服务而闻名。2014年公主邮轮进入中国,面向有过一定邮轮旅行经验的小众高端人群,这部分消费者对旅行品质要求较高,包括了较高的饮食丰富度、精致度,较高的服务标准,细节上的精益求精。在高端邮轮上,船员和游客的比例可以达到1∶2,这个数据的含义在于游客可以享受到更加全面和细致的服务。

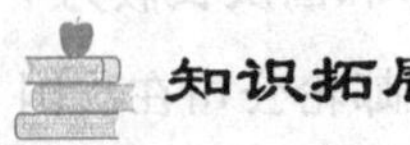
知识拓展

"盛世公主号"全新船头涂装设计亮相

公主邮轮日前宣布,旗下首艘专为中国市场量身定制的邮轮——"盛世公主号",成为公主邮轮船队中第一艘启用全新船头涂装设计的邮轮。这一崭新的设计精致典雅,别具格调,延续了公主邮轮品牌标识的特色,并将在未来数年内用于公主邮轮旗下所有船队。

作为邮轮业最受公认的品牌标识之一,该设计勾勒出一幅风姿绰约的海浪图景,象征着宾客在公主邮轮的邮轮度假体验中探索和发现世界之美时的无限惊喜之情。公主邮轮是全球公认的目的地旅行领先品牌,而这一极具现代气息、典雅华贵的全新船头涂装设计也将进一步强化公主邮轮为宾客呈现的高端邮轮体验。

"盛世公主号"沿袭了"皇家公主号"和"帝王公主号"上广受欢迎的众多特色设施,其中包括:作为社交中心的多层豪华中庭广场;位于顶层的海景悬臂式步道——"海上漫步",其封闭式玻璃地板走道超出船舷8米(28英尺);公主现场(Princess Live!)互动摄影棚;特制的主厨绚光桌,以氤氲灯幕为宾客打造私享用餐体验。

"盛世公主号"将以上海为母港,每个航次可搭载3 560名宾客。

3. 奢华型邮轮旅游产品

向消费者提供奢华型邮轮旅游产品的代表性邮轮品牌有银海邮轮、水晶邮轮、丽晶七海邮轮、世鹏邮轮等。奢华型邮轮中一般中小型邮轮比较多,所搭载的乘客不多,所以,从客人登船那一刻开始,船上的工作人员便可以亲切地用乘客的姓氏来称呼,凸显其标榜顶级邮轮的尊荣服务。此外，由于邮轮的船体较小，不仅可以航行于一般大船所无法到达的地方，同时也可以停泊于最靠近市中心的码头。在这类邮轮上，客房都有私人阳台，船员和游客的比例接近1∶1，保证每一位客人都能得到满意的服务。

四、邮轮旅游产品的消费过程

邮轮旅游产品以邮轮航次作为具体的表现形式，消费者购买该产品，消费的全过程如下：

（一）登船之前

1. 预订船票

邮轮公司的邮轮旅游航次通常会提前一年拟定并向公众发布，旅游消费者会考虑自己的时间要求和经济承受能力，同时也会充分了解各大邮轮公司的运营特色和差异性，从而拟订自己的出行计划。当旅游者从相关渠道预订成功之后，会支付款项，签署预订确认书和行程协议书。

2. 证件办理

参加邮轮旅游属于出境旅游，游客需要持有护照并办理相关目的地国的入境手续。签证（visa），是一个国家的主权机关在本国或外国公民所持的护照或其他旅行证件上的签注、盖印，以表示允许其出入本国国境或者经过国境的手续，也可以说是颁发给他们的一项签注式的证明。乘坐邮轮旅游的签证要求与陆地或飞机出境要求不完全相同。

知识拓展

邮轮旅游签证须知

日韩航线：需要办理日本签证，韩国签证在船上办落地签。

韩国航线：只需提供护照首页照片即可办理韩国入境名单，韩国入境名单=韩国团体签证。

越南航线：需要办理越南签证 。

新马泰航线：需要办理新加坡和泰国签证，马来西亚在船上办落地签 。

地中海航线：需要办理多次申根签证，如经过摩洛哥需要办理摩洛哥签证，经过其他国家均免签或可办理落地签（途经以色列也可办理落地签）。

加勒比海航线：需要办理美国签证，途经其他国家均免签或可落地签 。

阿拉斯加航线：需要办理美国签证、加拿大签证 。

澳新航线：需要办理澳大利亚签证、新西兰签证 。

澳洲往返航线：需要办理澳洲签证，如果途经法属大溪地，需要办理法国签证 。

中东航线：阿联酋签证，一般均需办理2~3次阿联酋签证，阿曼签证可在船上办理落地签。途经以色列和埃及的邮轮无须提前办理签证，可以在船上办落地签。（资料来源：http://www.tapotiexie.com/Problem/content/id/287）

3. 港口登船

旅游者在港口登船，需要完成行李托运、安全检查、舱位确认、海关检查、边防检查等程序。通常登船后会把护照收走统一保存，无论大人、小孩，每人会得到一张船卡，它既是房卡，也是途中上、下船的身份证，还是在船上消费的记账手段。当然，也可以在船上支付现金来开通邮轮卡。

（二）船上活动

1.住宿安排

邮轮其实就是一座移动的豪华酒店，客房和酒店一样设备齐全。简单来说，邮轮舱房分为4种：内舱房、海景房、露台海景房和套房。不管旅游者选择哪种房型，都能享受干净整洁的客舱以及相应热情周到的服务。

2.餐饮安排

邮轮上用餐是一种难得的享受。无论是传统邮轮还是现代邮轮，满足游客餐饮需求的各式菜肴、装饰装潢别具一格的各类餐厅、热情而又个性化的餐饮服务，都是邮轮产品的重要组成部分。越来越多的邮轮开放露天游泳池作为晚餐场地，在那儿，着装和菜品都以休闲为主。在海上夜空下，边看着星星边用餐的美妙享受令人流连忘返。还有很大部分邮轮提供浪漫的客房点餐服务。除特殊餐厅的餐费和饮料以外，其他费用都包含在邮轮船票里面。

3.娱乐活动

邮轮上的休闲娱乐项目多种多样，任何不同年龄层次的旅游者都能够找到适合自己的活动。邮轮上的"每日简报"会详细列出当天活动，旅游者可选择感兴趣的参与。大部分活动费用是含在船票里的，收费项目会额外说明，因此可以大胆享受船上的设施。

（三）岸上观光

登上邮轮后，服务员会每天把航行日程快报送到旅游者的房间里，在这份资料中会详细介绍船上的各项活动和沿途陆地游览的项目内容、时间和价格等。岸上观光大致包括游览、购物、运动等不同的线路安排,以适应不同需求的旅游者。当船靠岸之后,旅游者可以参加邮轮公司或旅行社组织的岸上活动,也可以自行上岸游览,或者停留在邮轮上享受宁静的时光。

(四)靠港离船

邮轮航次结束之后,游客会在港口下船,办理边检手续,提取行李,再进入海关检查区域进行申报并接受海关对行李物品的检查,之后便可以愉快地结束邮轮航次假期。

五、邮轮旅游产品的价格构成

邮轮旅游产品的价格是指消费者购买邮轮旅游产品时所支付的货币量,最直观地表现为邮轮旅游航次所销售的船票价格。邮轮公司会在邮轮旅游宣传册上标注每一邮轮航次的价格,并且告知这些价格中包含的项目,以方便游客估算邮轮旅游将要花费的费用,并作为选择邮轮航次的参考依据。

(一)邮轮公司报价包含项目

邮轮公司在对邮轮旅游航次进行报价时,通常有一些明确标识的价格项目,并在邮轮旅游出发前向游客收取。常见的价格项目如下:

1.船票价格

游客购买邮轮船票后,可以享受船舱住宿、指定餐厅免费用餐、参加指定娱乐活动项目等。

2.港务费

港务费是指邮轮进出港口和在港口停泊期间,因使用港口的水域、航道和停泊地点,按规定向港口管理机关交付的费用。在我国,由港口管理机关对船舶进港和出港各征收一次,按船舶净吨计收。游客乘坐邮轮旅游需要缴纳港务费,出游的地方不一样,停靠的港口不一样,所缴纳的港务费也不一样。

3.燃油附加费

燃油附加费是邮轮公司向游客收取的反映燃料价格变化的附加费。

4.服务费(小费)

部分邮轮公司需要游客在购买邮轮旅游产品时一次性支付服务费或小费的费用。在邮轮上,不管是服务生、酒吧服务员、客房服务员还是公共区域服务员,直接与顾客接触的服务员都有可能得到服务费，这在邮轮上已经成为一种惯例。

（二）邮轮公司报价不包含项目

在整个邮轮旅游中，除了邮轮公司对邮轮旅游产品的报价，游客还会有一些额外的花费。

1.船上部分项目收费

主要包括游客在邮轮上的特殊餐厅用餐、洗衣或代客服务、上网服务、购物、博彩，以及其他个人服务，如按摩、SPA、私人健身指导、美容等私人消费项目。

2.岸上观光费用

许多邮轮港口附近拥有非常吸引人的旅游景点，且交通十分便捷，因此，游客可在港口附近进行岸上观光活动。但这部分费用需要游客另外支付。

3.出发、返程陆上交通费用

包括游客从家到邮轮登船港口以及游客下船后返家的交通费用。

4.护照、签证费及签证服务费

搭乘邮轮出境旅游时需要办理护照以及相应国家的签证，不同目的地国家的签证会有不同的签证费用产生，此部分费用由游客自行承担。原则上，自助游游客本身可以通过不同的途径向外国领事馆申请个人签证，也可以通过旅行社进行协助办理。由旅行社协助办理的，除签证费用外，旅行社还会收取一定比例的签证服务费。

5. 旅游意外保险费用

旅游意外保险，即旅游保险，指的是被保险人在国际或者国内旅游过程中发生了保险合同约定的意外或者其他事故，保险公司将依据保险合同的约定，对其予以保险金赔偿的一种保险业务形式。旅行社组织团队旅游，必须为旅游者办理旅游意外保险。如果是散客，建议游客购买旅游意外保险。

案例补充

“塞琳娜号”：4晚上海—济州岛—仁川/首尔—上海价目表

航线归属 Itinerary Name：	日韩 Japan-Korea
航线编号 Code：	63143
出发日期 Sails：	星期四，2016年8月18日

续表

航线归属 Itinerary Name:	日韩 Japan-Korea
回程日期 Returns:	星期一,2016 年 8 月 22 日
邮轮公司 Cruises Line:	歌诗达邮轮
船只名称 Cruises Ship:	“塞琳娜号”
上船地点 Departs:	上海,中国
下船地点 Returns:	上海,中国

可用房型 Available Cabins	位置 Location	起始参考价 Web Rates
随机内舱四人房	内舱 Inside	¥2 099
随机内舱二人房	内舱 Inside	¥2 899
随机海景三人房	内舱 Inside	¥2 899
随机海景双人房	内舱 Inside	¥3 299
随机阳台三人房	海景 Ocean View	¥3 399
随机阳台双人房	海景 Ocean View	¥3 699

价格包含(Included):

1. 邮轮上 4 晚住宿

2. 邮轮上的每日餐厅用餐(1 日 5 餐:早餐、午餐、下午茶、晚餐、消夜)

3. 免费享用指定的船上设施、场所,免费观看、参加指定的娱乐节目及活动(健身房、游泳池、按摩池、娱乐音乐表演、儿童与青少年在船上的游戏和各种免费参与的娱乐项目)

4. 港务费 869 元/人,领队服务费 100 元/人

5. 特别赠送上岸观光(如不参加岸上游须支付 200 元/人/站 岸上游管理费)

价格不含:

1. 旅游意外险(建议购买)

2. 邮轮服务费(自行于邮轮上支付):12 周岁以上成人 12 美金/人/晚,共计 48 美金;4~12 周岁儿童半价;4 周岁以下儿童免费

3. 个人其他消费[如:酒吧、电话费、自费单点餐厅用餐费、上网费、水疗(SPA)与美容项目、洗衣、医疗费用等](资料来源:http://www.66cruises.com/line_65262.html)

第二节 邮轮旅游产品的销售渠道

邮轮公司不仅要开发旅游者需要的产品，制定合理的产品价格，还需要选择合适的销售渠道策略，使旅游者在所需要的时间和地点以适当的方式得到产品。销售渠道的畅通与否决定着邮轮旅游产品销售的成败，也决定着邮轮旅游企业市场营销目标能否实现。

一、邮轮旅游产品销售渠道概述

(一)邮轮旅游产品销售渠道的概念

销售渠道也叫分销渠道，美国著名市场营销权威菲利普·科特勒认为："分销渠道是指某种产品和服务从生产者向最终消费者转移时，取得这种产品和服务的所有权或者帮助转移所有权的所有企业和个人。"因此，分销渠道主要包括商业中间商(因为他们取得所有权)和代理中间商(因为他们帮助转移所有权)。另外，它还包括处于分销渠道的起点和终点的生产者和消费者。

邮轮旅游产品销售渠道，形象地说，就是将邮轮旅游产品销售给最终消费者的路径。它的起点是邮轮公司，终点是旅游者，中间环节既包括取得所有权的商业中间商，也包括帮助转移所有权的代理中间商。

(二)邮轮旅游产品销售渠道的功能

销售渠道的基本功能是实现产品从生产者到消费者的转移，其目的在于消除产品与使用者的分离。具体来看，销售渠道的主要功能包括：

1.降低成本

对于国外的邮轮公司来说，他们并不熟悉中国的旅游市场，如果直接在中国市场销售产品，会加重工作负荷，分散精力，耗费资金也难以及时满足目标顾客的需求。而旅行社等中间商，获取消费者的信息更为容易，可以利用其关系、经验、专长更高效地将产品提供给目标市场。

2.促进销售

许多中间商为更好地销售产品，除了邮轮公司所花费的宣传费用之外，自己也会投入一定的销售费用,用于广告、宣传、咨询服务和各类促销来促进市场需求的形成,激发旅游消费者的购买欲望。

3.交流沟通

销售渠道可以更好地寻找用户和潜在的消费者,传播有关产品的信息并与他们进行接洽和交流。中间商作为邮轮公司和旅游消费者之间的桥梁,能够提供双方都感兴趣的信息,帮助邮轮公司不断满足消费者的需求。

4.风险承担

销售渠道中的中间商对于代理销售过程中可能造成的损失具有承担风险的责任。如在中国市场占主导模式的包船,中间商提前购买产品的所有权,一旦出现风险,中间商就需要承担责任。

二、邮轮旅游产品的销售渠道

邮轮旅游产品销售渠道涉及的领域广泛,成员众多且各自具有独立的利益,因此需要协调各方面关系,约束渠道成员行为,以更好地完成邮轮旅游营销战略目标。在此,重点探讨邮轮旅游产品常见的线下销售渠道、网络销售渠道和移动电子商务销售渠道。

(一)线下销售渠道

1.邮轮公司品牌形象店

品牌形象店也称为专卖店,是以专门经营或授权经营某一主要品牌商品为主的零售业态。专卖店是邮轮公司品牌、形象、文化的窗口,可以向消费者展示品牌的经营理念,推广该品牌最具有代表性、最能体现品牌特点的产品;可以服务一体化,让消费者得到更加专业和完善的服务,创造稳定的忠实的顾客群体;可以及时向终端经销商和消费者提供该公司的产品信息,同时易于收集市场和渠道信息。一些国际邮轮公司在国外多设有品牌形象店,用于进行邮轮品牌形象宣传以及邮轮旅游航次产品的销售,取得了较好的效果。但鉴于人、财、物等资源的投入以及销售渠道建设的多样性,这种品牌形象店直营的方式在中国邮轮旅游市场并未广泛采用。

知识拓展

华北地区首家"皇家加勒比邮轮专卖店"落户北京亦庄

2016年5月18日,由"北京华安国际旅行社有限公司"设立的"皇家加勒比邮轮专卖店”在北京亦庄最大的生活社区林肯公园生活区正式开门迎客。

在“皇家加勒比邮轮专卖店”，您不仅可以预订到天津出发的皇家邮轮产品，还可以预订从上海、香港、厦门出发的，甚至皇家旗下在国外的各个航程的船票。实体店经营，合法资质，签订正规旅游合同，让您的旅途更加安心与愉悦。（资料来源：http://jiangsu.sina.com.cn/zj/economy/2016-05-31/100125099.html）

2.旅行社门店销售

在传统的邮轮旅游产品销售中，除了邮轮公司自开品牌形象店之外，绝大多数的邮轮旅游产品是通过旅行社售出的。邮轮旅游产品吸引力大，顾客满意度高，利润也较高，因此受到旅行社的青睐。旅行社与邮轮公司合作，存在两种利润模式。

（1）佣金模式

旅行社每销售一张邮轮旅游船票，就可以提取一定数量的佣金。以佣金形式为主，通过双方协商报出具有竞争力的市场价格，可以避免邮轮公司与旅行社之间利益对立的状况，减少相互之间的报价摩擦。

（2）包船模式

包船是旅行社将邮轮公司某一航次上可以售卖的所有舱位提前买断，并且完全自主销售的模式。包船后，旅行社必须按合同的约定全额支付包船费用，同时可自行制定销售价格。这种销售模式目前在中国占主导，一方面，国外邮轮公司对中国市场并不熟悉，包船之后可以集中精力于邮轮运营方面，而不是把精力分散在揽客、销售客票方面；另一方面，邮轮旅游在中国蓬勃发展，旅行社可以获得更多的利润。但是，这种模式也有一定的弊端，就是旅行社享有定价权，若临近发船销售不够理想，旅行社往往会选择低价出售，不同旅行社也可能进入价格战的厮杀。

3.旅游会展销售

旅游会展是旅游业界进行贸易交流、参观展览和洽谈促销的贸易活动，是针对旅游目的地、旅游企业和旅游者推出的展示交流平台，以加强沟通联络、达成合作意向。

采用旅游会展销售渠道时，首先要选择适宜的旅游交易会，随时关注相关旅游交易会信息发布，多搜集、了解展会信息和参与展会的竞争者信息；其次，要想取得好的参展效果并将积极的信息传递给旅游者，还应该树立良好的旅游形象，采取合适的展示策略。

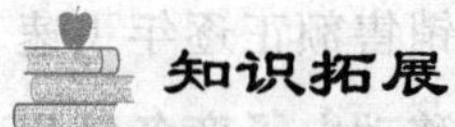

知识拓展

第十届中国邮轮产业发展大会在沪举办

2015 年 10 月 13~15 日，由中国交通运输协会主办，中国交通运输协会邮轮游艇分会（CCYIA）、上海市虹口区人民政府、上海水上旅游促进中心等联合承办的第十届中国邮轮产业发展大会（CCS10）在上海虹口举办。本届大会主题是“邮轮·海上生活新时尚”。

国家旅游局为进一步贯彻落实 2015 年 8 月国务院出台的《关于进一步促进旅游投资和消费的若干意见》，在 CCS10 同期特别主办首次全国邮轮旅游推进会，工信部、公安部、国家质检总局等中央部委联合发布或解读邮轮新政策，邀请全国 35 个邮轮旅游目的地城市旅游部门负责人到会，必将在国内外旅游界产生重大影响。

包括皇家加勒比邮轮集团、嘉年华邮轮集团、挪威邮轮集团、地中海邮轮集团、云顶集团在内的全球五大邮轮公司 CEO 率团来华出席本届盛会，这是 CCS 举办 10 年来首次，可见国际邮轮巨头对中国市场的重视。10 月 13 日晚开幕式上，嘉年华集团携新高管在 CCS10 上全球首次亮相，挪威邮轮集团在 CCS10 上全球首次宣布新战略，共同推动邮轮旅游度假这一时尚海上出游休闲方式。

韩国海洋水产部、济州岛政府 2015 年也组织庞大代表团参加第十届中国邮轮产业发展大会（CCS10），宣传韩国国会 8 月刚刚通过的邮轮振兴法案，并与中国港口、旅行社洽谈合作，推介韩国邮轮旅游。

大会包含“全国旅游推进会”、“行业领导者论坛”、“亚洲港口和目的地论坛”、“邮轮城市与旅游论坛”、“邮轮修造论坛”、“邮轮人才论坛”、“邮轮管理与发展论坛”、“中韩邮轮旅游推介会”等论坛。中船集团、中投集团等六方宣布合作宣言，亚洲邮轮学院理事会揭牌。

除了大会规格、层次再创新高，博览会还将首次面对长三角旅行社和市民推出 2016 年的邮轮船票预售，组织邮轮公司和旅行社现场卖票，市民可以现场咨询，购买优惠船票。（资料来源：http://travel.sohu.com/20151015/n423339435.shtml）

（二）网络销售渠道

当前，电子商务的快速发展给原有的分销渠道体系带来了强烈的冲击，互联网的应用使得邮轮旅游产品的预订销售更为高效、便捷，邮轮旅游产品分销渠道正经历着重大的变革。邮轮公司及其代理商纷纷拓展网络销售渠道,邮轮旅游产品的线上销售额正逐年飞速增长。常见的邮轮旅游网络销售渠道包括网站销售、电子邮件销售以及移动电子商务销售等形式。

1.网站销售

网站是在网络上使用网页编辑工作制作的用于宣传邮轮公司品牌和邮轮航次产品信息的网页集合体。邮轮销售的网站是向游客展示邮轮旅游产品的窗口,也是进行广告宣传的最佳途径,主要包括邮轮公司网站、旅行社网站、旅游类网站等等。

(1)邮轮公司网站

国际邮轮公司在中国运营豪华邮轮业务,均建设有网络直销预订网站,这种渠道模式为"邮轮公司—消费者"。

表6-1 国际邮轮品牌中文网站示例

序号	邮轮品牌	中文网站域名
1	皇家加勒比国际邮轮公司	http://www.rcclchina.com.cn
2	丽星邮轮	http://cn.starcruises.com
3	地中海邮轮	http://www.msccruises.com.cn
4	歌诗达邮轮	https://www.costachina.com/

网络使得处于网络各节点上的邮轮公司、消费者的联系更紧密,邮轮公司可以突破时空界限,对市场信息、销售信息的获取、处理能力大大提高,增加了进入市场的机会,缩短了产品进入市场的时间和消耗,扩大了服务项目,减少了投资费用和投资风险;而消费者可以直接与邮轮公司进行沟通,享受更加专业的咨询服务。

(2)旅行社网站

随着电子商务的快速发展,一些经营时间长、实力雄厚、拥有独特的业务资源优势的旅行社代理商自建旅游电子商务网站,以应对在信息和网络高度发达环境下的激烈竞争。邮轮公司选择旅行社作为其邮轮旅游产品的销售代理商,旅行社利用其网络资源进行广泛分销,这种模式为"邮轮公司—旅行社电子商务网站—消费者"。

(3)综合性旅游网站

邮轮公司及其代理旅行社可以与一些旅游类网络代理商签约合作,成为其产品供应商。这种模式的好处是投入成本低、业务关联大。缺点是投放的邮轮旅游产品要与其他邮轮公司的邮轮旅游产品竞争，网站也会抽取部分的代理费，利润空间较低。这种渠道模式为“邮轮公司—旅游类网站—消费者”或者“邮轮公司—旅行社—旅游类网站—消费者”。

当前，携程网、去哪儿网、同程网、途牛旅游网等综合性的专业旅游网站发展迅猛，其最大的优势在于将信息技术应用到旅游产品的创新之中，逐步构建起一个针对散客的一站式服务体系。这些网站都开设有专门的邮轮旅游产品频道，在其平台上汇集了大量邮轮旅游产品和信息，消费者可以比较船型、时间、线路、价格，免去了在不同网站间比较的麻烦。例如，目前在携程邮轮平台上已可以预订到包含携程自身，及其他全国几十家供应商的邮轮产品，以此保证了最全航次、出发地、最优价格的邮轮产品。2015 年携程邮轮平台产品预订上涨接近 100%，这体现了客人对于邮轮旅游产品较高的接受度。

2.网站销售渠道的建设

互联网确实使邮轮公司有可能直接面对所有顾客，但这又仅仅只是一种可能，面对众多竞争者，邮轮公司必须采用一定的营销策略，才能吸引到旅游消费者。

(1)充分利用搜索引擎

研究表明，搜索引擎仍然是网站推广的最重要方法，同时也是目前最为成熟的一种网络营销方式。一般而言，搜索引擎的用户往往只会留意搜索结果最前面的几个条目，所以邮轮销售人员可联系百度、谷歌等搜索引擎运营商，将自己的广告排在网页前面。

(2)要提高网站的设计水平

网站设计要坚持以消费者为中心的理念，考虑消费者操作时的简单便捷和审美需求。网站背景图片、结构设计、超链接设计、网页标题标签设计和动画效果要符合品牌形象定位，给浏览者留下直观的美好印象(图 6-1)。网站内容要突出重点、及时更新，重点添加邮轮公司船队、旅游目的地介绍以及航次产品查询等模块，将信息准确、及时地传递给消费者。网站技术人员要对系统进行经常性的维护，网络客服人员要延长在线咨询和服务的时间，给消费者提供快捷服务和有效互动。对于在线预订和网络支付功能不健全的情况，要加强相关技术的开发和应用，尤其是提升身份识别、支付安全等技术，为消费者提供全方位的安全、便捷在线产品预订和支付服务。

图 6-1　歌诗达邮轮公司网站页面

(三)移动电子商务销售渠道

1.移动电子商务销售渠道的优势

移动电子商务是指通过手机、PDA、掌上电脑等手持移动终端从事的商务活动。相较于传统电子商务,移动电子商务具有以下特点:

(1)移动性

移动电子商务的交易不受时间、地点约束,能够在任何时间、任何地点以任何方式完成,充分体现了其优越性。通过移动电子商务渠道,消费者可以随时随地进行热门邮轮旅游线路的查询和预订。携程数据显示,中国客人使用手机预订邮轮产品的上涨速度很快,同比上涨超过100%。

(2)便捷性

移动电子商务能够即时响应消费者的需求,即消费者可以在任意时间和任意地点获取所需的应用、信息和服务,非常便捷。消费者预订邮轮产品,可根据携程提供的船型图了解房间所在的位置,依据个人喜好选择最理想的房间,预订舱位就像飞机选座一样透明和便捷。在资料提交方面,消费者扫描二维码就可以直接完成资料信息上传。以韩国航线为例,消费者下单付款后,上传护照照片,即可坐等当天出行,其间不再需要花费额外的时间和精力。

(3)信息化

如携程 APP 上的 POI(Point Of Interest)邮轮展示将每条船都“拆解”成具体的细节点,无论是邮轮的基本信息、甲板分布图,还是舱房设施、大小,餐饮、娱乐及服务设施、开放时间、收费情况,都能让客人足不出户就尽在掌握之中,相当于随身携带了一位私人邮轮导游。目前所有母港出发的各邮轮公司船只信息都陆续上线,是中国国内最全的邮轮信息平台。

(4)安全性

移动电子商务相比于以个人计算机为主要载体的传统旅游电子商务,更具有安全性。手机作为移动电子商务的主要载体,SIM 卡的应用可以作为内置安全认证特征,可以唯一地确定用户身份,还可以存储用户的 CA 证书、银行账户等能够识别用户身份的有效凭证,因而更适合于电子交易。

2.常见的移动电子商务销售渠道

市场上常见的移动电子商务终端以手机和 PAD 为主,由于 PAD 的应用软件和同系统的手机应用软件基本相同,而手机更加便携,所以这里以智能手机作为移动电子商务终端设备进行介绍。

(1)手机 WAP 网站渠道

WAP(Wireless Application Protocol)是无线应用协议的缩写,一种实现移动电话与互联网结合的应用协议。WAP 手机可以通过标准的协议接入互联网,手机上网,可以获取适用于手机浏览的网上信息。如新闻浏览、搜索、邮件、访问、查询、无线电子商务等,使人们体验无线互联网的丰富应用,更重要的,这些所有的网络应用,都可以在移动环境中进行,使得网络应用前所未有的方便快捷。邮轮公司应重视手机 WAP 的建设,让其与 WEB 站信息同步更新,在内容和形式上重视用户体验,提高用户交易的成功率,扩大邮轮旅游产品的移动分销。

(2)手机 APP 应用渠道

APP 是英文 Application 的简称,也称“手机客户端”。在移动互联网时代,邮轮公司及其代理旅行社可以委托专业公司根据邮轮旅游产品特色创建手机 APP。在销售方面,APP 具有独特的优势:

①手机 APP 能让邮轮公司用最低的广告成本,获得最佳的推广效果。与传统的广告方式相比,手机 APP 广告无须按点击和播放次数付费,其图文并茂、形象生动的广告表现形式,无论是费用还是效果方面都比传统的广告更胜一筹。

②手机APP能提高邮轮公司的品牌高度和信誉度。邮轮公司可通过APP平台,发布邮轮历史、邮轮旅游文化、邮轮旅游咨询等方面的信息,树立公司的品牌形象,赢得消费者的信任。

③手机APP可以帮助邮轮公司实现精准营销。APP将邮轮旅游产品的最新信息快速精准地传达给目标客户。例如,邮轮公司最近的新产品上市或优惠促销活动等信息,都可以通过手机APP第一时间传达给客户,这种传达方式,既精准又有效。

④手机APP具有预订和支付功能。手机端预订的快速、便捷及诸多功能创新成为旅游消费者首选这一渠道的原因。据了解,目前在携程旅游APP邮轮频道,最快仅需要两步、几分钟就可以完成邮轮产品预订;在线选房号和自助证件上传,则大大提高效率又增强了客户体验。同时,邮轮旅游手机APP还与各银行推出的"手机银行"和以手机支付宝、财付通为代表的第三方支付平台合作,获得了手机支付功能的技术支持,这使得付款更加便捷。

(3)微信渠道

微信作为一款智能手机应用社交软件,在传播方面具有非常明显的优势。首先,微信内部传播是基于熟人网络的小众传播,具有传统媒介无法达到的可信度和达到率;其次,邮轮公司可以利用微信的"扫一扫"功能发展新的潜在用户,当旅游消费者添加了邮轮公司的二维码之后,公司就可以精准地推送自己的产品信息。在微信公众平台上线之后,邮轮公司的信息推送更加方便。邮轮公司的微信公众账号可以经过后台的用户分组和地域操控,完成精准的音讯推送。

第三节　邮轮旅游产品销售方式及技巧

销售就是销售人员向顾客介绍商品提供的利益,从而促成顾客购买的过程。邮轮旅游产品的销售也是如此,它是一种销售人员针对邮轮旅游产品进行阐释,促成客户选择这项商品以满足自身需要的过程,其目标是满足客户需求。

一、邮轮旅游产品销售方式

(一)店面销售

店面销售是销售人员在特定的场所向前来寻购的消费者推销产品的过程,一般适用于邮轮公司品牌专卖店和旅行社门店销售渠道。店面销售要求销售人员在销售过程中认真观察和分析消费者的言行，了解和发掘其需求，有针对性地向其介绍邮轮旅游产品。

（二）拜访销售

拜访销售是由销售人员携带邮轮旅游产品资料主动上门拜访特定的消费者，在商洽的过程中加强与被拜访者的交流与沟通，成功销售出邮轮旅游产品的销售方式。拜访销售可以针对特定消费者提供更加专业和有效的服务，故为销售人员和消费者广泛认可和接受。

（三）电子邮件销售

电子邮件销售是在消费者事先许可的前提下，通过电子邮件的方式向消费者介绍邮轮旅游产品的一种网络营销手段。

（四）网络客服销售

网络客服销售是邮轮旅游产品销售人员通过网络即时聊天工具与潜在消费者进行在线交流，促成消费者购买邮轮旅游产品的销售活动。

在上面 4 种销售模式中，店面销售和拜访销售是销售人员和消费者直接联系、当面洽谈，要求销售人员通过交谈与观察了解消费者，随时根据消费者的特点和反应有针对性地调整自己的销售方式和销售重点。本节重点介绍这两种销售方式的营销技巧。

二、邮轮旅游产品店面销售技巧

在店面销售中，销售人员接触的大多数是主动上门寻购的消费者。面对这些带有较为明确购买意图和目标的消费者，销售人员要善于接近这些消费者，诱导其准确表达邮轮旅游需求，向其推荐满足其需求的邮轮旅游产品，并最终说服其购买。

（一）主动相迎

迎宾是门店销售的第一步，也是门店销售变被动为主动的最佳方式之一，可以采取问好式、切入式、应答式、迂回式等方式进行。

1.问好式

在消费者进入门店可以进行语言交流时，销售人员应该主动与消费者打招呼，常见的语言为“您好，欢迎光临”。

2.切入式

当销售人员正在接待一位消费者的同时，另外的消费者也进入门店进行咨询。在人手不够的情况下，一下子来了两批或者三批顾客，怎样做才能照顾好每一批顾客，让他们每个人都感觉到自己受到关照呢？切入式相迎非常适合此种情形！销售人员要先安抚住眼前的顾客："对不起，请稍等一下"，说完后立刻转到新来的顾客面前："先生（小姐）您好！您先看看我们的邮轮资料，有什么问题直接和我说好了"，同时递上邮轮产品的宣传彩页来稳住顾客，让其先来了解一下相关产品。稳住顾客后马上回来和前面的顾客沟通："这位先生（小姐），您看通过我刚才的介绍，这样的产品是否符合您的要求……？"直到把第一拨顾客搞定，再转到新来的顾客那里："对不起，让您久等了。"只有这样做，你才会发现，每一批顾客你都能掌控得住，而不会冷落任何一批顾客，不会出现顾客等了好几分钟找不到人而黯然离去的情况。这就是切入式的相迎方式。

3.应答式

应答式就是回答顾客的问题，看起来是被动的，但是随时可以变被动为主动，通过回答顾客的问题了解顾客的需求。举个简单的例子。顾客："邮轮适合小孩子吗？"这时我们要先作回答："邮轮都有专为儿童设计的游乐场所，还有专门的陪护人员"，然后变被动为主动："先生（小姐），您家孩子多大年龄？"直接一个探询需求的问题就推给了顾客。只有有效地引导顾客的需求，满足顾客的需求，才能逐渐成长为一名优秀的销售人员，这就是应答式方法。

4.迂回式

迂回式就是要创造一种朋友见面的愉快的场景，互相地交流沟通，不是直接切入销售的话题，而是采取迂回的策略，从其他话题引入。如老顾客光临时，销售员主动相迎说"刘先生，好久不见"等沟通方式。

（二）了解需求

问候之后，门店销售员可以通过询问、聆听和观察消费者表述和表现出来的愿望，总结其需求信息，通过双向交流核实消费者的需求。

1.询问

销售人员应该主动询问消费者的需求，这些可以通过一系列设计好的问题来进行。这些问题主要有两类：一类是封闭式提问，答案是唯一肯定的；二是开放式提问，答案是多种多样的。

在询问时，应灵活运用开放式问题与封闭式问题。当对消费者了解较少或者较难判断消费者的情况时，应该使用开放式的问题进行询问，以获得更多的信息。如销售人员："请问您所经历过的最好的旅游是哪次？为什么？"如果消费者对邮轮旅游产品了解较少，会对销售人员所询问的很多问题感到茫然和无所适从。在这种情况下，销售人员应尽可能使用封闭式问题进行询问,提供参考选项让消费者进行选择。如销售人员:“您希望享受怎样的邮轮假期?是安静、平和和文艺的,还是更多激情和冒险的?”在这个问题中,销售人员根据邮轮产品的特点,设置了选项,来引出消费者的心理需求。

2.聆听

在和消费者进行交流的过程中,销售人员要学会聆听,只有通过聆听才能更好地了解消费者的真实意图,才能提供有针对性的销售活动。事实上,很多销售人员在与消费者进行交流的过程中,最常出现的问题是仅仅摆出聆听消费者说话的样子,内心却迫不及待地等待讲话的机会,并没有领会消费者真正的意图。

3.观察

在与消费者交谈的过程中,销售人员应认真观察消费者的表情、眼神、手势、物件等微小细节,来判断消费者的性格特征,为其推荐合适的邮轮旅游产品。比如,在交谈中语速较快、表情夸张、肢体语言较多的消费者,一般属于外倾型人格,他们视野开阔,精力充沛,追求时髦,喜欢冒险和刺激,对邮轮上的娱乐和表演项目最为看重;而讲话沉稳内敛的中老年人一般喜欢清静安宁,更注重邮轮上的环境和服务。

(三)专业、准确地推荐邮轮旅游产品

作为一名专业的销售人员,在了解了消费者的心理和行为需求之后,就可以为消费者推荐正确的邮轮旅游产品,从而赢得市场。随着邮轮旅游观念的日益成熟,很多消费者对于邮轮旅游产品有了一定的认识,销售人员在为这部分游客提供服务时,应在介绍邮轮旅游产品的基础上,为其提供更多的对比信息,使他们了解每种产品之间的区别,根据自己的偏好选择邮轮旅游产品。但更多情况下,消费者对邮轮旅游产品并不熟悉,那么销售员应逐步引导游客,将邮轮的基本理念传达给客户,介绍邮轮旅游产品的特色和优势,引导他们选购邮轮旅游产品。

1.出行时间

根据消费者的需要协助他们选择邮轮的出行时间。

2.挑选航程

国际上的邮轮航线有中短期和长期之分,时间由最短几天到长达几个月不等。邮轮进入中国之后,由于中国消费者的假期非常有限,因此在中国市场的邮轮产品多以4~8天的航线为主,目的地主要为日韩。在为游客推荐航线时,可根据季节、闲暇时间以及预算来分析游客需要的邮轮旅游产品。

3.邮轮公司与邮轮的选择

在中国市场,邮轮公司大多将目标市场分为高端客户和大众邮轮消费者,有针对性地提供各类产品以满足不同人士的需求。因此销售人员可以根据消费者的邮轮旅游经验、旅游预算为他们推荐合适的产品。

4.舱位的选择

邮轮客舱通常分为内舱房、海景房、露台房和套房 4 类,类型不同,价位不同,容纳的人数也不同。在销售产品时,销售人员需要先了解消费者同行的人数、需求及预算等条件,然后向客户介绍每种舱位的性价比,选择最适合的舱位类型。由于各邮轮公司市场定位有所不同,邮轮舱位的打造也会根据各自的品牌风格有所区别,然而基本上都有从经济型到超豪华型的舱位。一般来说,要经济实惠的就建议选择内舱,因为很多邮轮公司在服务上不会对不同舱等的客人采取不同的服务,所以其实在客人跨出舱房的一刻起,所享受到的服务和待遇是一样的。当然旅游体验感受最好的还是露台舱,也是利润较高的产品。

(四)消除购买障碍

邮轮旅游产品以其新鲜、时尚、浪漫、丰富及多层次的特色,成为集客运、娱乐、休闲、住宿等多种元素于一体的综合型旅游产品。对于国外已成熟的邮轮旅游市场来说,广大中国消费者对于这一旅游产品并不熟悉,认识较为肤浅。因此,销售人员在向消费者推荐产品的过程中,总会遇到顾客犹豫不决,心存疑虑。消费者会担心产品是否价格昂贵?旅游过程中是否太受限制?会不会晕船?邮轮是否安全?等等。此刻,销售人员应根据顾客的购买心理障碍,认真分析,加以消除。

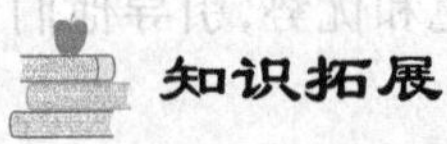
知识拓展

邮轮常见问题解答

1.邮轮适合哪些人群?

邮轮是适合所有人的旅行度假方式,从老年人到小孩子,从“独行侠”、新婚夫妇再到亲子客、亲友大部队,都能轻而易举地钟情于邮轮旅游。

2.邮轮出游的优点是什么?

相比传统旅游方式,邮轮旅行实行的是“全程无现金交易”,游客能够在船上享受到包括美食、娱乐等在内的一切服务,具有很高的性价比,这是其他旅游产品难以比拟的。

常规旅游团出于成本考虑，团餐都会有固定标准，有些低价团的餐饮更是让人难以下咽。在邮轮上，完全不需要有这样的顾虑，每日各种各样的美食让人垂涎欲滴，吃足喝饱，同时还可以参加高品质的鸡尾酒会，等等。

邮轮上的住宿条件可以与高星级酒店媲美，而且服务人员素质高、态度好，会让游客有宾至如归的感觉。

常规旅游行程枯燥，往往都是走马观花；而邮轮旅游安排充分为游客考虑，游客也可以自由地安排自己的时间。船上会有各种各样的娱乐活动和演出表演，让你仿佛置身于天堂一般。

3.坐邮轮会晕船吗？

因为邮轮都是体积庞大的，无风浪时，邮轮上面就跟我们在陆地上一样，所以无须有这方面的顾虑。您要做的就是选好航线，因为不同海域在不同时期天气状况差异很大，风浪大当然就会影响邮轮的平稳性。

4.船上活动会无聊吗？

其实，在邮轮上是亦动亦静的。如果您的目的仅是看海，那就安静地和大海为伴吧；如果不是，那邮轮上的娱乐休闲活动也是丰富多彩，应有尽有。吃，有来自全球各地的美食；喝，有风味独特的冷热饮品；玩，游泳、音乐、电影、健身、各种主题 Party；还有各种类型的讲座、培训班，如插花、调酒等，让你在旅途中玩好，还能学到很多有用的东西。

5. 带孩子随行会比较麻烦吗？

邮轮都有专为儿童设计的游乐场所，比如儿童游泳池、儿童游戏室等，家长可以与孩子一起玩耍。此外，还有经过专门培训的穿着各式卡通服装的服务人员，也有来自中国的，他们会负责教导及照看孩子，还会带着小朋友做手工、学习科普知识，家长们完全不用担心孩子在邮轮上无人照顾。（资料来源：https://www.ylly.com/info/faq/#collapse-xuanze）

（五）建议购买与促成成交

在消除了消费者购买产品的心理障碍后，对销售人员来说最重要的就是促成邮轮旅游产品的销售，完成销售目标。消费者由于信息有限，对自身需求不能明确，所以做购买决定时常常希望得到他人的支持和推动。因此，销售员在机会成熟的时候应该给予消费者心理上的帮助，以促成购买行为。

常见的成交方法有：

1.直接建议法

当感到消费者对某项邮轮旅游产品基本满意之时，销售人员应该积极主动地建议购买并简述购买的好处，帮助消费者建立购买信心。比如："我觉得这个邮轮航次一定能让您度过一个愉快的假期，我建议您就选择这个航次。"

2.让步成交法

给消费者适当的价格折扣、赠品，或者提供有附加价值的服务，以促成消费者快速购买。

3.选择成交法

直接向消费者提出若干购买的方案，并要求消费者选择其中之一的方法。向消费者提出选项时，尽量避免提供太多的方案，最好的是二选一，最多不要超过三项，否则不能达到尽快成交的目的。选择成交法的要点就是使消费者回避"要"还是"不要"的问题，让消费者从中作出一种肯定的回答，不要给消费者拒绝的机会。从表面上看来，选择成交法似乎把成交的主动权交给了消费者，而事实上是让消费者在一定的范围内进行选择，减轻消费者的心理压力，制造良好的成交气氛，有效地促成交易。

4.从众成交法

利用消费者的从众心理促成成交，这是一种最简单、最直接的方法。从众成交法可以减轻消费者担心的风险，尤其是对邮轮旅游产品不熟悉的消费者，大家都买了，自己也买，可以增加消费者的信心。

5.期限成交法

特价航次的促销一般都有时限性，销售人员可以告诉消费者如果错过会有什么遗憾。这种方法对热情的消费者效果较好，但是要谨慎使用，避免表现出对消费者施压，从而导致消费者的反感。如销售人员："这个航次的特价促销活动我们明天就会截止，现在购买非常合适。"

促成成交的三点注意事项：避免对产品作出夸大宣传；再一次确认消费者的需要；留意解读消费者的购买信号，如语言信号、肢体语言信号等。

（六）购后服务与致谢送客

如果消费者作出购买决定，门店销售人员应该做出跟进服务，协助消费者缴纳邮轮旅游航次的订金，填写相关资料，并向消费者致以诚挚的谢意。在这个过程中，销售人员应该做到周到，细节上处处为顾客着想；有序，优化购买手续，提高效率；专业，介绍消费者需要的信息，提供顾问式服务。

不管消费者有没有购买门店的产品，当消费者离店时，店员一定要将其送至门口，抱着感恩的心态向消费者告别，这样有利于树立良好的服务形象。

三、邮轮旅游产品拜访销售技巧

（一）寻找与识别顾客

邮轮旅游产品的准消费者也称为潜在消费者，是指具有购买欲望和支付能力的组织或个人。寻找合适的潜在消费者是拜访销售的第一个步骤，对于促进邮轮旅游产品的销售具有极其重要的作用。但对寻找到的潜在消费者，销售人员还需要进行筛选评价。一般而言，优质的潜在消费者具备3个条件：第一，要有购买邮轮旅游产品的欲望；第二，要有购买邮轮旅游产品的能力；第三，要有购买邮轮旅游产品的决策权。

（二）拜访前的准备

与客户第一次面对面的沟通，有效地拜访客户，是营销迈向成功的第一步。只有在充分的准备下拜访客户才能取得成功。在拜访之前，需要做好以下几个方面的准备：

1.拟订拜访计划

销售人员要做好路线规划，统一安排好工作，合理利用时间，提高拜访效率。

2.外部准备

（1）仪表准备

“人不可貌相”是用来告诫人的话，而“第一印象的好坏90%取决于仪表”。销售人员注重仪容仪表的修饰，呈现良好的教养与风度，更容易让消费者信任。典雅、得体的服饰装扮，也可以增强销售人员的自信心，帮助其达到最佳的销售效果。

（2）资料准备

“知己知彼百战不殆！”要努力搜集客户资料，尽可能了解客户的情况，并把所得到的信息加以整理，装入脑中，当作资料。作为销售人员，不仅仅要获得潜在客户的基本情况，如对方的性格、教育背景、生活水准、兴趣爱好、社交范围、习惯嗜好等以及和他要好的朋友的姓名等，还要了解对方目前得意或苦恼的事情，如乔迁新居、结婚、喜得贵子、子女考大学，或者工作紧张、充满压力、失眠、身体欠佳等。总之，了解得越多，就越容易确定一种最佳的方式来与客户谈话。还要努力掌握邮轮市场促销活动资料、公司资料、同行业资料等等。

(3)物质准备

拜访之前,销售人员应该准备的物品有:各种邮轮旅游产品宣传资料,包括产品资料册、价目表等,帮助销售人员增强产品说服效果;各种票据、印章、合同文本等,一旦达成交易,可以及时办理有关手续;其他物品,如名片、身份证、笔、记事本等。

(4)时间准备

如提前与客户预约好时间应准时到达,到得过早会给客户增加一定的压力,到得过晚会给客户传达"我不尊重你"的信息,同时也会让客户产生不信任感。最好是提前5分钟到达,做好进门前的准备。

(5)心理准备

事实证明,营销人员的心理素质是决定成功与否的重要原因,只有对自己充满信心,对邮轮旅游产品充满信心,销售人员才能在与消费者的互动中有效地将产品信息传递出去,成功地实现消费者的购买。但同时,也要做好被拒绝的心理准备。换个角度去想,大部分客户都是友善的,每个人在接触陌生人的初期,都会产生本能的抗拒和保护自己的想法,拒绝只是一个借口来推却你罢了,并不是真正讨厌你。只有这样想,才能始终保持积极乐观的心态去面对消费者。

(三)约见顾客

约见是销售人员征得潜在消费者同意后进行的销售拜访过程,是成功实现拜访销售的第一步。

1.约见的方式

(1)当面约见

销售人员和消费者当面约定拜访事宜,主要用于销售人员和消费者的偶遇或不便于洽谈业务的场合和地点,如交易见面会、各种聚会等,销售人员都可以向消费者提出拜访请求。

(2)电话约见

电话约见经济、便捷,是销售人员常用的约见方式。很多约见可以在电话里用很短的时间简明扼要地安排下来。

(3)委托约见

销售人员还可以委托中间人向潜在消费者征求约见事宜意见,这种方式可以消除某些消费者对陌生人的戒备心理,有利于销售人员获得销售对象的真实信息和想法。

2.约见的内容

拜访对象一般是购买决策人或对购买决策有重大影响的人,销售人员应尽量想办法直接约见对象,并尊重有关接待人员。拜访的时间主要是由消费者来决定,但是也要兼顾销售人员的实际情况。拜访地点的选择要视具体情况而定,但要坚持两个原则:一是方便顾客;二是避免干扰。在约见拜访对象时,要说明访问的事由和目的。尽管拜访的目的在于向潜在消费者推销邮轮旅游产品,但每次拜访的具体目的却有不同,如提供邮轮旅游产品咨询、正式推销或者签订交易合同等。

(四)建立信任

销售人员在约见顾客之后,应该准时到达约见地点,做好面谈准备。在面对消费者开展推销活动之时,销售人员首先要引起消费者的注意,将消费者的心理、精力集中到所销售的邮轮旅游产品之上,并使其对邮轮旅游产品产生良好的感觉。销售人员要保持与消费者的目光接触,使消费者注意力集中;要善于利用实物或证物吸引注意;要通过提问等方式让消费者适当地参与销售过程。

(五)销售洽谈

销售洽谈环节是邮轮旅游产品买卖双方为了达成交易、维护各自利益、满足各自需要,就共同关心的问题进行沟通和磋商的活动过程。

洽谈的内容包括邮轮旅游产品的基本信息、价格信息、合同信息、产品销售服务、保障条款等。在洽谈过程中,销售人员应该具备过硬的业务素质,比如熟悉出境旅游市场,了解签证、机票常识,熟悉邮轮旅游产品符合消费者需求的各种特点,并能够将消费者的需求与邮轮旅游产品的独特卖点紧密结合,说服消费者进行购买。成功的销售人员能够不断挖掘邮轮旅游产品的诸多卖点,充分满足各类邮轮旅游消费者的需要。

在洽谈的过程中,销售人员要充满信心,有效地将产品信息传递出去,成功实现消费者的购买。但由于面对的消费者多种多样,必然会出现一些意想不到的情况,作为一名合格的销售人员,应该逻辑缜密、思路清晰,遇事随机应变、反应迅速,在面对困难和不利条件之时,能够变被动为主动。

(六)处理异议

在销售过程中,消费者任何一个反对举动或对产品推介过程中的说法提出的不赞同、反对或质疑等,统称为异议。消费者考虑购买邮轮旅游产品而不提异议的情况很少见,只有当顾客表达异议时,销售人员才能发现推销的障碍在哪里,然后采取相应的方法及时给出满意的答复,改变顾客原来的看法从而消除障碍达成推销目标。

销售人员应该对异议有正确的理解,并采取以下几种方法化解异议。

1. 认同+陈述+反问

这是经典的异议处理方式,比较通用。不论客户说任何反对意见,你都要先学会认同,而不要马上纠正客户,这是沟通中的忌讳。这里所说的"认同",不是赞同客户的意见都是对的,而是一种礼貌和过渡。常用的认同语包括"那没关系"、"那很好"、"您这个问题提得很好"。

在认同之后,再说说你的答案。不同的反对意见类型有不同的处理模式。对于客户不正确的意见,你要用正确的信息进行纠正;对于客户的不信任,你要学会用第三方或权威机构出具的事实进行论证说服。在所有的反对意见中,最多的就是不满意类了。对于不满意类,大部分客户是看到了或感觉到了产品的不足之处,但有可能没有看到产品的优势。所以你首先要学会承认客户的意见,并赞美客户的专业和直接。客户心里也清楚,世界上肯定没有十全十美的产品或服务,一定是尺有所短,寸有所长的。你只要强化你的优势,并说明该优势对客户的利益,让客户不要纠缠在弱点上。

2.忽视法

所谓"忽视法",顾名思义,就是当客户提出一些反对意见,如果这些意见和眼前的目的扯不上直接关系时,销售人员只要微笑地同意他就好了。对于一些"为反对而反对"或"只是想表现自己的看法高人一等"的客户意见,可采用忽视法,迅速地引开话题。忽视法常用的说法如"是的,不错!"、"没想到王总这么有研究!"或者幽默地附和一下等等。

3.反驳法

该方法的含义是用客户的反对意见作为客户购买的主要理由进行说服。基本做法是当客户提出某些不购买的异议时,销售人员就立刻回复说:"这正是我认为您要购买的理由!"如果销售人员能立即将客户的反对意见直接转换成为什么他必须购买的理由则会收到事半功倍的效果。

对于客户提出的异议,销售人员必须谨慎回答。一般而言,销售人员应以坦白、直率的态度,将有关事实、数据、资料或证明,以口述或书面方式传递给客户。回答客户异议时,措辞必须恰当,语调必须温和,并在和谐友好的气氛下进行,以解决问题。

(七)要求成交

销售人员进行了成功的销售洽谈之后,应该主动将销售进程向前推进,也就是要求消费者承诺。承诺既包括签署订单,也包括消费者承诺继续下一步沟通等。销售成交是销售人员积极发挥主观能动性实现最终目标的过程，可以参考前述店面销售建议购买的方法。

销售是一门艺术，邮轮销售人员只有在实践中掌握一定的销售模式和技巧，同时以真诚的人性化服务打动和吸引消费者，才能将邮轮旅游产品成功售卖出去。

案例补充

歌诗达邮轮：OTA 卖得快，旅行社有人情味

OTA(Online Travel Agent)是指在线旅行社，是旅游电子商务行业的专业词语，代表为：携程网、盈科旅游、去哪儿网、同程网、旅游百事通、驴妈妈旅游网等等。

除了市场的自然发育，近期邮轮游在中国影响力扩大，有一个不得不提的原因，是几大 OTA 的包船和促销提升了邮轮游的渗透度。

《2015 年上半年邮轮旅游出游报告》显示，相比去年同期，OTA 平台输送的邮轮游客人数同比有数倍的增长，仅同程旅游一家就达到了 8 万人的规模，同比增幅达 5 倍之多。于是分销渠道，成为了值得重视的要素。

从供应商的角度，黄瑞玲谈了她对 OTA 以及传统旅行社的看法。

据介绍，歌诗达邮轮自己不做任何直销，完全依靠旅行社、OTA 的分销，旅行社是跟团游，OTA 上是分散卖，但到船上也会拼成团。而所有 OTA 渠道的销量只占到总量的 10% 左右，黄瑞玲称，这里面又以同程、携程两家做得最大，“同程看上去好像发展的速度会比较迅猛一点，更加快一点。”

“OTA 有一个实时的展示平台，在客人要查询、咨询的时候，OTA 提供了更便捷的方式。第二，OTA 有足够的空间来同时展示很多不同的线路和产品，OTA 也会做很多个性化的菜单式的选择，可能有些还会加一些评价。”黄瑞玲总结。OTA 对于标准化的产品来讲，销售会比较快，随着市场的发展成熟，它们的优势也会越来越明显。

但传统旅行社依旧是邮轮公司最重要的销售渠道。近来很多旅行社已经开设了专门的邮轮部门，专注做这部分业务，形成一种趋势。“线下的销售人员针对老客人的介绍，还有感情上的一些引导，这些是旅行社做得比较好的。而且线下的旅行社的优势是多年的品牌积累，各地都有一些老百姓很认可的、区域性的品牌。这里的品牌忠诚度对于老客人的营销推销，还是非常有效的。我们也看到一些旅行社可能每年的采购量不大，跟邮轮公司就是包这么一两条船，但是每次他们会针对自己的会员来设计不同的产品、线路。而且他们的销售情况可控，他们自己心里有把握，因为直接接触客人的，知道客人要的是什么，市场客人的反馈情况是怎么样的，要调整也比较快。”黄瑞玲说。（资料来源：http://www.iyiou.com/p/20010/）

问题：

1. 如果你要购买邮轮旅游产品，你会选择哪种销售渠道？为什么？
2. OTA 和旅行社相比，哪种销售渠道的优势更大？说说理由。

问题设计：

1. 什么是邮轮旅游产品？邮轮旅游产品的构成要素有哪些？
2. 简述邮轮旅游产品的类型。
3. 邮轮旅游产品有哪些销售渠道？比较分析各种销售渠道的优缺点。
4. 简述邮轮旅游产品门店销售的技巧。

第七章

海事安全与法规

本章导读

随着国际邮轮业的迅猛发展，邮轮的安全问题成为人们越来越关注的话题。为了避免邮轮各种公共安全问题的发生，邮轮企业、主要邮轮国家等都在制定法律与法规，为邮轮业的发展保驾护航，捍卫着人们的生命、财产及环境等方面的安全。

学习目标

通过本章，我们不仅能够对保障邮轮安全的相关法律与法规有一个大致的了解，而且也能对邮轮发生安全问题时所应采取的应急措施有一个清楚的认识。

第一节　邮轮安全与健康

一、邮轮安全相关公约

目前，对邮轮安全的监管主要是从国际公约、主要国家的立法及其行业立法3个方面来界定的。

(一)国际公约

国际公约基本架构了邮轮安全航行的国际法框架,它对游客安全、船员培训、船上设备、邮轮构造、安全管理、防污染制度等方面作出了严格的规定。涉及邮轮安全监管的国际公约主要有:《国际海上人命安全公约》《海员培训、发证和值班标准国际公约》《国际安全管理规则》《国际防止船舶污染公约》等。

1.《国际海上人命安全公约》

简称 SOLAS 公约,是保障船舶在海上航行时人身安全的公约。它的产生是世界航海史上的一件大事,提出了海上安全的最低国际标准,是国际海运技术史上的一个重要里程碑,为缔约国的国内立法提供了很好的范例。

现行的 SOLAS 公约,是由国际海事组织(IMO)于 1974 年 11 月 1 日召开的国际海上人命安全公约会议通过的,并于 1980 年 5 月 25 日生效,以后又经过了多次修订。

《国际海上人命安全公约》的主要目的是规定与安全相应的船舶构造、设备及操作的最低标准。由船旗国负责确保悬挂本国国旗的船舶达到这一标准。公约规定,船舶须配备一系列的证书作为该船舶已经达到这一标准的证明。

知识拓展

公约附则第五章第 13 条规定:各缔约国政府承担义务,对其本国的每艘船舶应经常保持或在必要时采取措施来保证所有船舶配备足够数量和胜任的船员。

第 20 条、21 条规定:所有船舶应备有为其计划航程所需足够和最新的海图、航路指南、灯塔表、航行通告、潮汐表以及一些其他航海资料。船舶还应备有《国际信号规则》。

另外,公约还对操舵装置的检查与操演方面也进行了规定,如船舶在开航前 12 小时之内,应由船员对操舵装置进行检查和实验。此外,应急操舵演习至少每 3 个月进行一次,并记入航海日志。

2.《海员培训、发证和值班标准国际公约》

简称 STCW 公约,STCW 公约最初通过的时间为 1978 年 7 月 7 日,生效日期为 1984 年 4 月 28 日。但现在通用的是 STCW78/95 公约,即:在 STCW 公约十七周年签字日的 1995 年 7 月 7 日,通过了 1995 年 STCW 公约修正案和 STCW 规则,简称为《STCW78/95 公约》。

STCW 公约明确规定了客船船长、高级船员、普通船员和其他人员的培训和获得证书资格的法定最低要求和法定最低知识要求，规定包括了接受知识更新的时间间隔、接受培训的内容以及培训效果的检验等。另外，公约对船员值班也作了严格的规定，如1995年STCW公约修正案，就对参与值班人员的作息时间有了强制性的规定，如船员在24 h（小时）内至少有10 h休息时间，而且在7天时间内总休息时间不少于70 h。还要求将值班安排表张贴在显而易见之处，这些要求都是为了防止员工疲劳和适应值班以保证安全。

3.《国际安全管理规则》

简称ISM规则，该规则是在1994年6月召开的国际海事组织缔约国大会上，以公约修正案的形式引入《国际海上人命安全公约》，作为公约的新增附则，从而成为强制性规则。该规则提供了船舶安全管理、安全营运和防止污染的最低国际标准。

案例补充

韩国“岁月”号客轮沉没

2014年4月16日，载有476人的韩国“岁月号”（又译“世越号”）客轮在韩国全罗南道珍岛郡屏风岛以北海域意外进水并最终沉没，仅有172人获救。乘客中包括325名前往济州岛修学旅行的京畿道安山市檀园高中的学生和14名教师等。事故造成包括4名中国乘客在内的295人遇难，9人下落不明。

事故后经过5个月的调查，韩国大检察厅当年10月得出结论，认为“岁月号”所属船务公司为扩大载重量而擅自改装了船体，破坏船体的稳定性。在通过急流时，操作不熟练的舵手进行了急转弯，致使船体左倾，船舶失稳最终沉没。

案例反思：

近年来，全世界的海难不仅没有下降，重特大海难还有所增加。据统计，所有海难的发生，约有52%与公司管理有关，约13%与船上管理有关，只有36%与非管理因素有关，所以说，海难事故发生的主要原因在于管理。一方面，是由于国际海事公约对管理问题的重视程度不够；另一方面，现有的ISM公约也没有很好地得以履行，而公约对于管理，特别是对于邮轮公司的管理也缺乏明确的规定。

4.《国际防止船舶造成污染公约》

简称 MARPOL 公约。1973 年 10 月,国际海事组织(IMO)在伦敦召开国际海洋污染会议,签订了《1973 年国际防止船舶造成污染公约》。该公约共包含 20 个条款和 6 个附则,其中很多是有关船舶污染的规则和标准,有利于防止船舶造成污染。例如:附则一是有关防止油污的规定;附则二是控制船舶运载散装有毒液体物质污染的规定;附则三是防止海运包装含有有害物质污染的规定;附则四是防止船舶生活污水污染的规定;附则五是防止船舶垃圾污染的规定;附则六是防止船舶造成空气污染的规定。

1978 年,在国际邮船安全和防污染会议上,又签订了 MARPOL 公约的议定书,和公约一起执行,称为《 经 1978 年议定书修订的 1973 年国际防止船舶造成污染公约》,即 MARPOL73/78 公约,就是现在通用的国际防止船舶造成污染公约。该公约涉及了船舶造成海洋污染许多方面的问题,是一个综合性的防止船舶造成海洋污染的国际公约。

案例补充

世界最大邮轮污染惹争议:相当于 7.3 万个高能耗家庭

西方媒体称,直到 2016 年 10 月 23 日,巴塞罗那一直是刚刚交付的世界最大豪华邮轮“海洋和谐”号的母港。巴塞罗那迎来的不只是一艘大船,而是一座有 9 000 名居民(包括 7 000 名乘客和 2 000 名船员)的浮动城市。这艘重达 22.7 万吨的巨兽,每天需要消耗 11 万升污染最严重的柴油。

据西班牙《国家报》6 月 5 日报道,从污染的角度出发,“海洋和谐”号这种邮轮最大的问题在于依然使用燃料油。燃料油是石油加工过程中的高污染剩余产物。虽然经过精炼,但“海洋和谐”号所使用的燃料油产生的污染物依然达到普通柴油的 100 倍。环保专家指出,这艘邮轮的污染物排放量相当于 7.3 万个高能耗家庭。

2012 年的一项有关邮轮的研究报告显示,一艘像“海洋和谐号”这样体积庞大的邮轮的二氧化碳排量相当于 8 638 辆汽车,二氧化氮排量相当于 42.1 万辆汽车,二氧化硫排量相当于 3.76 亿辆汽车。

然而,环境污染并非唯一的问题。近日来,上百巴塞罗那居民走上街头抗议邮轮的到来,因为,随着大批游客的涌入,当地居民的公共资源势必遭到挤占。在游客密集的旅游区,当地居民的日常生活都很可能无法保障。这种情况非常不利于巴塞罗那旅游业的可持续发展。(资料来源:参考消息网)

(二)主要邮轮国家规定

1. 美国

美国是邮轮业最发达的国家,因此针对邮轮安全的立法也最健全,对邮轮安全的监管也最为严格。美国对于邮轮的安全监管,主要来自于几部法典,如《美国法典》《联邦法典》及《邮轮安全与安保法》等。这几部法典对邮轮公司的安全设施、船员培训、犯罪案件的上报等方面都作了严格的规定。

其一,对于邮轮安全设施的规定。

为了保障乘客的安全,法案规定在邮轮住舱甲板上安装护栏,且护栏的高度不能低于42英寸。同时,对邮轮船员进出乘客房间也进行了限制,要求仿照美国酒店设施,加强安全防护,如在客舱房间的门上安装窥视孔、安装摄像头和延时电子门锁等。以往邮轮上发生的案件由于缺乏证据而得不到及时的处理,法案要求整合船上的视频摄像设备,保持视频监控系统正常运转,以便更好地记录和监控船上的犯罪活动,好为将来的调查和起诉提供证据。

其二,对于船员培训方面的规定。

为了提高邮轮上安保人员应对突发安全事件的能力,法案规定,安保人员应接受有关犯罪的预防、侦察、报告和证据保留等方面的培训。培训考核的标准将由美国国土安全部制定。考虑到培训需要时间周期,因此该部分的规定不能立即生效,而是给予了一定的过渡期。如在法案出台一年后,在有美国公民搭乘的邮轮上,必须有一名经过此类培训的船员,否则该船将不允许进入美国港口。在美国国土安全部制定的培训标准出台两年后,载有美国公民的邮轮上必须配有至少一名通过培训考核的船员,否则,该船将被拒绝进入美国。

另外,邮轮上的医务人员也必须拥有较高学历和正式资格,还应接受过处理应对性侵案件的培训。

2. 中国

中国是邮轮业发展的后起之秀,因此,对于国际邮轮安全监管的法律法规还在逐步地完善之中。目前,已经出台的很多规定主要是针对国际船舶安全管理方面的,如交通部2012年《关于加强海上准入制度的公告》中规定:不予核准船龄超过30年的客船进出中国港口,船龄自船舶建造完工之日起算;在中国境内运营的船舶,应当取得中国海事部门或者其认可组织签发的船舶安全管理证书、客船安全证书、国际船舶保安证书和船级证书等。

为了保证乘客的安全,2011年4月,在国家旅游局发布的《国际邮轮口岸旅游服务规范》中，对于船舶经营人，也有很多安全监管方面的规定：港口经营人应建立健全的安全、保安制度，其制度应符合国际海事组织《国际船舶与港口设施保安规则》的要求；应有处理恶劣气候、公共卫生、防台防汛、灭火疏散等突发事件的预案；定期组织船员演练、演习；应有上、下船安全设备；要求安全标志齐全、醒目，口岸各处通道畅通、重点部位有中英文警示牌等。

案例补充

“量子号”霸船事件谁之过？

据报道，皇家加勒比国际邮轮公司“量子号”邮轮原本定于2015年8月23日至31日由上海出发前往日本，团款每人为13 000元。但由于台风“天鹅”的影响，邮轮公司临时将广岛、东京、神户的9天日本三地游，变更为韩国两地游。游客提出退团，邮轮公司只愿意退还1 000元的剩余款项。邮轮旅游结束航行时，部分游客拒绝下船，邮轮方和少数游客发生了肢体冲突。

案例思考：此次邮轮“霸船”事故的发生，是由于什么原因导致的？如何避免此类事故的再次发生？

（三）国际邮轮协会安全规定

国际邮轮协会作为非政府间的国际组织，尽管其发布的行业政策没有法律上的强制力，但却影响着国际海事组织有关公约的制定；而且，它制定的政策标准，往往比有些国际公约更严格。主要包括以下几个方面的安全规定：

1. 安全保障方面

在邮轮乘客的安全保障方面，国际邮轮协会主要提出了旅客集合政策和旅客国籍登记政策。旅客集合政策，要求邮轮在离港前应针对所有已经登船的邮轮旅客进行强制性的集合演习，它是邮轮应急计划的一种补充。邮轮旅客国籍登记政策，要求船方应保证邮轮上的每一位旅客的国籍已经被记录，并随时准备好，以备需要时能及时提供给搜救人员使用。该政策是国际邮轮协会和欧洲邮轮理事会代表全球邮轮行业通过并宣布的新的安全政策。

2. 航行安全方面

为了保证国际邮轮的航行安全，2012年4月24日，国际邮轮协会和欧洲邮轮理事会共同宣布3项新的安全规定。其一有关航行计划，新政策将国际海事组织（IMO）关于航行计划的要求作为对其成员的最低强制要求,更多要求则参照国际航运公会编制的《驾驶台指南》中已经被认可的最佳做法。其二是有关航行计划的制订与实施,航行计划需由一名指定的高级船员完成,并应得到船长的批准。新规定要求在航行计划制订完成之后,实施之前,要对全体驾驶员作全面的概述。其三是有关船员进入驾驶台的限制规定。为了最大限度地减少驾驶台受到不必要的干扰,国际邮轮协会规定,在船舶操纵受限或警戒级别提高的情况下,除有工作任务的人员外,其他人员一概不允许进入驾驶台。

3. 消防救生方面

在消防救生方面,国际邮轮协会规定,国际邮轮协会和欧洲邮轮理事会的成员至少每6个月进行一次以船员训练为目的的救生艇下水和满载演习。演习时,救生艇所载的船员数量要达到最大容量,且在水中演练,让船员更加熟练救生艇的操作。并要求所有与救生艇操作有关的船员都应该参加这一演习。对于邮轮上救生衣的配备,国际邮轮协会也作了新的规定:除了法定要求为全体登船人员配备救生衣之外,政策还规定邮轮上需多配备成人救生衣,并且多配备的成人救生衣数量不得少于邮轮防火主竖区的乘客数量。

4. 污水处理方面

"灰水"和"黑水"是邮轮上乘客和员工产生的废水类型。灰水是在淋浴、洗涤以及在食物准备过程中产生的。黑水指的就是污水。

关于这两类废水的处理,国际邮轮协会有很严格的规定:灰水只有在船舶行进中且速度不低于6节时才能排放;在港口、离岸4海里以内以及当地管辖权或当地法律规定的其他距离范围内,不得排放灰水,除非情况紧急或在有地域限制的地方。同时,灰水的排放要遵守所有现行的法律法规。

对于黑水的处理,国际邮轮协会规定,所有黑水在排放前都要经过船用卫生设施的处理,确保与国际规定保持一致。只有当船舶离岸超过4海里、航行速度不低于6节时才能排放。

二、邮轮卫生与健康管理

在邮轮经济蓬勃发展的同时,鉴于其载客量大、人员密度高、聚集时间长、内部环境狭窄、饮食相对集中、航行地点多等特点,给传染病在国际间的传播创造了条件,也增加了各类公共卫生事件发生的风险。因此,加强邮轮卫生与健康方面的管理至关重要。

(一)公共卫生事件的类型

1. 船舶染疫方面

(1)消化道传染性疾病感染

邮轮航行期间,旅客的食品、饮用水均由船方提供,这就对船上的食品、饮用水的采购、储存、加工等提出了更高的要求。一旦某个环节出现疏漏,就会引起群体性食源性和水源性疾病。据调查,国际邮轮传染性疾病的风险以急性胃肠炎为主,均由食源性或水源性感染引起,以腹泻、呕吐、腹痛、发烧等为主要症状。

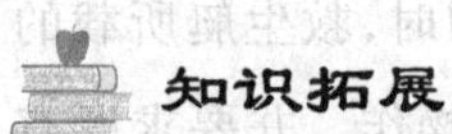

知识拓展

停靠香港邮轮暴发疫情 9 人感染诺如病毒

据香港政府新闻网 2016 年 3 月 30 日报道,一艘在尖沙咀海运码头停泊的,名为"伊利莎白皇后号"的邮轮,在 3 月 7 日发现首宗诺如病毒个案,最高峰每日有 26 人受感染,他们从 3 月 7 日起在船上陆续出现呕吐、腹泻和发烧等病征。调查发现,共 150 人受影响,134 人为乘客,16 人为船员。其中 9 人的粪便样本经初步化验后,证实对诺如病毒呈阳性反应。这艘邮轮曾到过日本、韩国,于 30 日晨抵港。

香港特区政府卫生署总港口卫生主任说,接获邮轮营运商通报,怀疑邮轮在泊港前暴发诺如病毒感染。署方随即与相关部门和机构组成评估小组,制订应对措施,安排卫生队登船评估情况和进行流行病学调查。

香港特区政府卫生署工作人员 3 月 30 日为登岸的邮轮旅客测体温,无人出现发烧,批准船上 1 300 名旅客下船。邮轮果断采取防止交叉感染措施,船上环境的卫生情况令人满意,批准邮轮接载新一批旅客共 2 000 人,同日启程去越南。(资料来源:搜狐新闻)

(2)呼吸道传染性疾病感染

国际邮轮由于载客量大、人员的密度高且集中,内部空间环境相对狭窄。特别是经常使用空调循环系统,内部形成的微小气候很容易空气污浊,这样就容易传播呼吸道传染性疾病。

2010 年 1 月 12 日,"富士丸号"邮轮由大连港抵达天津港。天津港旅检科检疫人员登轮检疫查验时,在船方的"预申报"中发现 10 名发热病人。这 10 名病人均有发热、咳嗽、嗓子痛等症状。天津检验检疫局经过流行病学调查和病原体检测,确诊为甲型 H1N1 流感。

2. 船舶卫生管理方面

邮轮，是一座移动的大酒店，也是一个移动的小社会。游客众多，而且游客成分较为复杂。通常情况下，邮轮游客以中老年人为主，身体相对比较的脆弱。如果环境卫生方面的管理稍有疏忽，就可能导致事故发生。2015 年 9 月 14 日，王女士报名参加了歌诗达“维多利亚”号邮轮的韩国行。旅途中，她经过邮轮 6 层甲板电梯口的时候，由于地面上有水，不小心滑倒摔伤。其间，有一个船员用对讲机叫服务员把地上的水都拖了。随后，邮轮公司派来船上的医务人员为她进行了紧急处理。此类事件，尽管是小事故，但也反映出了邮轮卫生管理方面的不足。

（二）国际邮轮公共卫生事件监管的举措

1. 口岸传染病的防控

在国际邮轮卫生监管方面，对于国际口岸的卫生管理至关重要。为了避免邮轮登轮时人多嘈杂，检疫时出现纰漏，或者对于发现的病例处理不及时，以及准备不充分等情况发生，在国际邮轮卫生检疫监管中，对于入境邮轮，采取了健康预申报制度，拟定了专门的《国际邮轮入境检疫健康预申报制度》。制度规定，船方或其代理人在船舶驶离上一港口后，应立即向检疫部门通报入境客轮检疫健康状况，申报船上所有乘客、船员和服务员在过去 7 天内的就医情况及目前的健康状况，使检验检疫机构掌握船上基本情况，在处置突发事件时，有充分时间制订处置方案、准备防护用品以及协调相关部门等。

2. 邮轮旅客行李的卫生监管

邮轮旅客所携带的行李，往往也是导致传染病传播的途径之一，为了尽量减少由此带来的风险，各个邮轮港口对旅客的行李在通关时都要进行严格检疫检查。对于邮轮预申报无传染病，且所有人员均健康的邮轮，采取的是“人—机—犬”三位一体的检疫查验模式，即旅客先卸下行李，然后由检疫人员在现场查验、在入境旅客行李大厅用 X 光机透视以及使用检疫犬对行李进行检查。对于存在疑问的旅客行李，可以开箱进行查验。

3. 邮轮食品卫生的监管

邮轮食品安全不仅是关系到游客生命健康的大事，而且是保证邮轮顺利航行的关键，所以，供船食品安全是检验检疫监管的重中之重。以上海港的食品监管为例，上海检验检疫局对邮轮食品实施了规范化的统一管理。首先，按照《食品安全法》、国务院 503 号令以及《国境卫生检疫法》等法律法规的要求，供船食品企业必须申请“国境口岸食品生产经营单位卫生许可证”，申请时需要提交企业三证、卫生制度、仓库管理制度、员工健康证等一系列的文件资料。其次，文件审核通过后需进行现场审核，重点查看企业的进货以及供货制度。仓库的卫生状况、冷库的温度管理、蔬菜水果的农药残留、食品的腐败变质、食品的加工洗涤等问题也是审核中重点注意的问题。

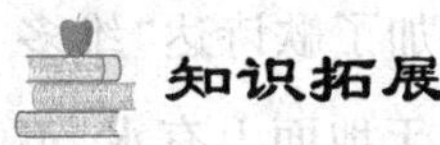

知识拓展

诺如病毒

近20年来,诺如病毒一直是国际邮轮胃肠道疾病暴发的主要病原体。据美国疾病预防控制中心和中国国家环境卫生中心船舶卫生规划处登记,自2005年以来,邮轮急性胃肠炎暴发的疫情中,有76.4%是由诺如病毒引起的。诺如病毒引发疾病的潜伏期较短,一般为8~72小时,主要表现为呕吐和腹泻,但传染性较高。2016年2月3~15日,“海洋量子号”邮轮连续2次发生群体性腹泻事件,分别导致感染疾病人数达到33位和34位,经病原学检测,两次均由诺如病毒感染所致。

第二节　邮轮安全应急处理

一、邮轮搁浅应急处理

搁浅事故是邮轮发生频率较高的事故之一,事故的发生,轻则造成邮轮的停航或者停运,重则给邮轮旅客的生命安全造成重大威胁,给邮轮公司的财产带来重大损失,甚至可能导致海洋环境的污染。

(一)邮轮搁浅的原因

①船长随意改变邮轮航行线路而造成的搁浅。

②由于船长、驾驶员、引水员或者其他船员的疏忽而造成的船舶搁浅。

③为了躲避台风、海流而偏离邮轮航线导致的邮轮搁浅。

④在有限的水域中,为了避免与其他船只发生碰撞而发生的搁浅。

⑤为了阻止邮轮自身的沉没而造成的船舶搁浅。

“康科迪亚号”邮轮搁浅事故

2012 年 1 月 13 日晚，歌诗达邮轮公司旗下的“康科迪亚号”邮轮在意大利托斯卡纳海岸附近触礁搁浅。事故原因为邮轮船长斯凯蒂诺偏离正常航线，航行至危险的浅水区域，导致邮轮搁浅并侧翻。事故发生后，船长撇下船上被困乘客，独自弃船逃跑，并且拒绝了港口要求船长返回搁浅邮轮、帮助被困乘客的要求。

邮轮搁浅后，不少人对邮轮为何驶入近岸浅海水域大惑不解。意大利媒体的推断为：这艘超级邮轮可能为向岛民“秀船”或“致意”而过度靠近海岸，进而触礁。

该邮轮于 2005 年下水，自重 11 万吨，载重 1 万吨。额定最多可装载 4 890 人，其中包括 3 780 名游客和 1 100 名船员。事故发生时，邮轮上载有约 4 200 人。这桩 21 世纪的“泰坦尼克号”事故造成 32 人死亡。对于该船的打捞行动是历史上规模最庞大也最昂贵的，共花费了 8 亿美元资金以及数月的准备。

问题思考：“康科迪亚号”邮轮搁浅事故的发生，反映了国际邮轮管理上存在着什么问题？

（二）搁浅应急处理

1. 前期处理

在航行中，发现船舶即将搁浅时，值班驾驶员应立即停止驱动，并尽可能快的通报船长，同时立即发出警报召集船员。

在船长指挥下，大副率水手长等了解搁浅部位情况，测量和记录船舶四周水深，驾驶员在驾驶台协助船长测定船位和估算潮水等，所有测量结果必须及时报告船长，作为决策的依据。

轮机长指挥机舱人员检查主机、舵机和辅助机械是否有损坏，并报告船长。当船舶或人员安全受到严重威胁时，应立即联系海事部门或就近船舶协助施救。

2. 应急处理

如果发现船舶进水，应立即按堵漏应变部署进水应急计划，组织排水、水密隔离和堵漏，同时判断可否立即动车脱浅。

船长应根据各方反馈信息，结合外界的风流和潮汐情况，进行综合分析和估算自力脱浅所需拉力，采取适当行动，使船舶重新起浮或保持安全状况。

大型船舶搁浅时若自行脱浅不成功,应立即申请外援。在等待援助期间,船方应警惕潮水和风流对船舶稳定性造成影响,尽力固定船位,防止船舶因风浪破损、横倾乃至倾覆。

船舶搁浅后,如发生溢油事故,应按船上油污应急计划中处理搁浅溢油的应急措施进行处理。

总之,船长应根据各方面的反馈信息进行综合分析,对船舶周围环境进行判断,保证船舶的安全状态,保证船员和游客的安全,采用科学的方法与有关方面配合进行脱浅行动。

3. 脱浅成功后的处理

(1)申请探摸检验

这是邮轮公司为了进一步查明搁浅之后的邮轮状态而进行的检验,项目包括船体水下部分船底板、推进器、舵装置等,并做出相应的检验报告。

(2)申请适航证书

船舶脱浅之后抵达就近港口或避难港,应直接申请船级社验船师到船检验。不需要做任何修理的或者修理完成后,船长可申请办理适航证书。

(3)书写海事报告

船舶发生搁浅事故之后,船长应根据搁浅受损情况书写海事报告。海事报告还应在船抵达第一港或避难港由船长或其他代理人递交港口当局或港口公证人签证备案。

二、邮轮碰撞应急处理

据有关资料报道,全世界发生的海难有40%以上是船舶碰撞事故,每年高达1 000多件。船舶发生碰撞后的处置是否得当,直接关系到事故船舶和人员的安全。

(一)碰撞应急部署

①船舶发生碰撞后,船长应立即赶赴驾驶台。当碰撞危及邮轮安全时,应发出警报,全体船员迅速进入应急工作岗位。

②迅速确定以下情况:碰撞部位和碰撞发生的时间、地点;碰撞双方的危险程度与人员伤亡情况、是否造成污染;对方的船名、呼号、船籍港、始发港和目的港等。并将这些情况以最快的方式告知公司总部。

③迅速组织自救,并全力抢救落水及伤亡人员。

④慎重记录好“航海日志”,并妥善保管好航海图等原始资料。

⑤争取登上对方船舶以查实对方损失程度,并做好记录。要求对方签署损坏确认书,一式两份,一份由对方船长签署后收回。

⑥如果碰撞导致船舶搁浅触礁、入水下沉、污染或者倾覆等危险情况时，应转入相应的应急操作。

⑦拟写海事报告送公司，由公司送海事局，并做好随时接受主管机关检查的准备。

（二）船舶碰撞自力脱险措施

1. 堵漏措施

在船舶发生碰撞进水后，被撞船应立即发出堵漏警报，组织全体人员进行抢救。根据船舶吃水、干舷变化，来确定船舶破损的大小，采取相应堵漏措施。当有较大波浪时，应尽量让船舶破洞处于背着波浪的方向，以减少船舶进水量。开动所有排水泵进行排水，使得船舶单位时间内总的进水量减少，延缓船体下沉，减少因船舶的进水而造成的对船舶稳性和浮性的影响。对于水线以下船体破洞，直径大时，选择堵漏毯先进行临时封堵，排水后用水泥箱堵漏；水线以上船体破洞，可以选择从外向里堵。

2. 维持船舶的浮性和稳性

船舶在破损后由于进水，将会使船舶的稳性和浮性发生变化，甚至使其倾斜过大，造成倾覆。为了避免造成这种情况的发生，可以采取以下措施：

（1）移载法

将水或者燃油驳到相反一端的舱柜，或者前后舱柜驳动，或者移动货物，以避免横倾或纵倾。

（2）排出法

将倾斜一边的水排出，达到船体平衡。

（3）抛货法

将货物抛弃，提高船舶的稳性，以减缓船舶的下沉速度。

3. 抢滩

在邮轮碰撞后，如果有下沉的趋势，而附近又有浅滩可以临时停靠，则应该考虑是否进行抢滩处理。当然，也要分析浅滩的地质状况，如果浅滩为泥沙质，或者较为柔软，则适合抢滩；如果为较坚硬的岩石，则不宜抢滩，因为强行抢滩会对船舶刮伤或者造成更大的损害。同时，决定抢滩还要考虑到被撞船只到达浅滩所要花费的时间，因为被撞后船舶进水，在前进过程中将会遇到较大的阻力。如果抢滩时间不够，则应放弃，应采用更为有利的方法自救。

4. 弃船

若采取以上堵漏措施、恢复船体平衡措施后都不能改变船舶沉没的可能，而选择抢滩措施又不满足条件，又得不到外力援助的情况下，弃船是被撞船只所采用的一种没有办法的办法。当然，弃船的时候要尽量保护人员的安全和船舶的重要资料不受损失，同时在弃船前为了减少污染也应采取措施封闭有关油舱门及速闭阀等。

三、邮轮火灾应急处理

2006 年 2 月 2 日，载有 1 400 多人的埃及“萨拉姆 98 号”邮轮在红海沉没。此次事故，导致 411 名旅客遇难、611 人失踪，只有 387 人幸免于难。造成这次海难的主要原因是邮轮客舱起火和恶劣的气候条件。据不完全统计，船舶火灾占海难事故总数的 11%，居第四位，但所造成的损失排在所有海难事故之首。

（一）邮轮火灾的特点

1. 人员疏散困难，伤亡严重

邮轮具有载客量多、人员密集的特点。由于邮轮舱内的通道和楼梯都比较狭窄，船上的出入口通常只能容一人通过，一旦邮轮发生火灾，人员都往一个出口逃离，这样就增加了人员疏散的难度。另外，火灾时，烟雾和火势蔓延很快，不但温度高、烟雾浓，同时还会产生大量的有毒气体，这些都会导致人员伤亡惨重。

2. 火灾扑救难度大

邮轮一旦发生火灾，很难得到及时救援，特别是在航行中的邮轮。其一，邮轮发生火灾，尤其是在烟雾充满舱室的情况下，由于船员和消防员都很难摸清舱内情况，所以会使灭火行动严重受阻。而且，由于火灾形成的热辐射、热对流、浓烟也使扑救人员无法靠近邮轮。其二，火灾发生时，大风大浪一般也会乘机而来。邮轮火焰的炙烤、大风大浪的推波助澜，往往会使救援艇难以靠近。有时也会因为航行区域远离救援区域，救援船只难以及时赶到。或者陆上的消防船只受到限制也无法赶赴增援，这些都会给火灾的救助带来难度。

3. 可燃物、易燃物多，人员逃离困难

邮轮航行主要靠汽油、柴油等易燃燃料来驱动发动机，随着邮轮的越来越大型化，邮轮的储油量也越来越多，少则几十吨，多则几十万吨。燃油的燃点极低，很容易发生爆炸，一旦爆炸，人员很难逃离。而且，邮轮的装饰材料、客舱里面游客的生活用品等，都是可燃物，这些都增加了邮轮火灾的风险。

豪华邮轮南极起火

阿根廷当地时间2015年11月18日，一艘庞洛邮轮“北冕号”在南大西洋上起火，船体侧倾，347名船员和游客遇险，其中有100多名中国游客。初步调查，起火位置在引擎室，因技术故障引起。

此次遇险的邮轮“北冕号”属于法国庞洛邮轮公司，2011年下水，载客量264人，有132间客舱。船长142米，总吨位10 944吨。

事故发生后，船方迅速采取疏导、救援措施，呼叫国际救援，同时将游客分批安置到救生船及救生筏上，放到海上避险。事故得到控制，船上没有任何乘客和船员受伤。

船上游客参加的是2015年11月12日至12月3日的南极三岛旅行，包括马尔维纳斯群岛、南乔治亚岛和南极半岛，中国游客费用为每人14.9万元起。

(二)邮轮火灾处理

对于邮轮火灾，要做到“一控二功三防”，即大力控制火势蔓延，实施内功和外功相结合，尽量防止爆炸、防止翻船、防止旅客和船员中毒。同时，也要遵循以下一些原则：

1. 先救人，后灭火

在火灾扑救过程中，必须以确保受困人员的安全为基本前提，最大限度地抢救人员的生命安全。这条原则在火场上的应用就是要尽力疏散和抢救人命，防止大规模人员死伤情况的发生。

2. 先控制，后消灭

先到达着火地点的消防队，应对船只着火区外围进行控制性灭火，防止火势扩大，等增援力量到达后，开始全面进攻。在灭火力量不足的情况下，要以楼船和主甲板的结合部为分界线实施控制，防止火势蔓延造成更大的损害。

3. 内功外防，上堵下截

在船舶灭火的过程中，首先要采用内功，以达到直接打击火点的目的。其次要做好外部防护，防止火势重新蔓延，并起到冷却降温的作用，为内功人员提供保护，同时做好随时接应内功人员的准备。在扑灭甲板间的火势时，要上堵下截，防止火势上下蔓延，以及避免热气流过于集中。

4. 围舱灭火,泡沫灌注

船舶火灾与地下建筑火灾具有相同的特性,就是建筑结构都比较复杂,如果对其内部结构不熟悉,很难实施灭火计划。通常情况下,进舱灭火必须由船上的轮机长引路,因为只有轮机长才清楚船舶的内部结构,同时由内功人员利用水枪进行交替掩护,实行梯队前进。邮轮火灾通常会由于供水、通风等方面的原因,导致船舱内高温高热和充满浓烟毒雾,在内功难以进行时,消防官兵应果断采用泡沫进行灭火或使用高倍数泡沫往船舱内灌注的方式进行隔氧灭火。

四、邮轮防污染处理

随着邮轮经济的蓬勃发展,邮轮业给海洋环境造成的影响也开始备受关注。如 2012 年 4 月 14 日,意大利威尼斯民众挥舞旗帜,高举标语牌,乘坐小船在大运河举行集会,以抗议大型邮轮经过或停泊威尼斯给当地环境带来的负面的影响。邮轮所产生的污油水、垃圾、生活污水和其他污染物等数量巨大,如果不加以规范化的管理,势必会对海洋环境造成极大的危害。

邮轮防污染处理,主要包括对邮轮所排放的废气、废水、废物以及所产生的噪声等方面进行的处理。随着各国邮轮业务的逐渐扩大,必然会导致邮轮所到之地环境质量的下降,邮轮公司必须对此采取有效的措施,尤其在新船舶的设计和建造时就应该引入环保概念。

案例补充

五问中国“东方之星”沉船事故

2015 年 6 月 1 日 21 时约 32 分,重庆一艘名为“东方之星号”的客船由南京开往重庆,当航行至湖北省荆州市监利县时翻沉,造成 442 人死亡。事发时船上共有 454 人,经各方全力搜救,12 人生还,442 具遇难者遗体全部找到。

据报道,失事船舶为重庆东方轮船公司所属“东方之星”客船,1994 年 2 月建造。事发时,船行至湖北监利大马洲水段突然向北岸翻沉,被救起的船长坚称,事发原因是“突遇龙卷风”。事发地段正值大风暴雨天气,虽连夜搜救,但救起人员很少。

对于此次沉船事故,有几个问题值得思考:

一、近期气象部门反复发布天气异常的信息,特别是强调南方多暴雨和极端天气。对于这次“东方之星”所遭遇的龙卷风,海事部门、长江航运部门和有关地方政府,有没有发布预警？明知长江江面存在暴风雨，水上交通部门有没有采取防范措施？有没有按规定限航或封航？是不是存在重大失职？

二、据船长和轮机长反映，船舶在航行途中突遇龙卷风瞬间翻沉，在一两分钟之内就倾覆倒扣在水中，没有向外发出任何求救信号。实情如何还不能尽信一面之词，需要详尽调查，还原事发现场真相。船组成员的危机应对有没有不妥之处，有没有尽到各自职责？

三、"东方之星"是大型船舶，在水域面积相对较小的水面遇此事故即立即翻沉，是否存在设计不合理、避险设施不充分、应急预案不齐全、乘客安全宣教不到位等各种情形？

四、根据《高速客船安全管理规则》，船舶夜航，应当申请许可。这次事故发生在晚间，"东方之星"是否符合夜航规定？

五、国家法规对船舶的船员资格和配备标准进行了明确规定，"东方之星"的船员配备是否符合规定？船员在遇险后是否履行了自己的应有职责？

弄清此番"东方之星"事故的真实原因，是为了防止悲剧重演，为了对公共安全负责。(资料来源：凤凰财经)

问题设计：

1.有哪几部与国际邮轮安全相关的公约？简述之。

2.国际邮轮通常会发生哪些公共安全事故？

3.邮轮搁浅事故该如何处置？

4.邮轮对环境的影响大吗？主要会有哪些方面的影响？

参考文献

一、著作

1.李华. 邮轮旅游地理[M]. 北京:旅游教育出版社,2016:67-96.

2.王诺. 邮轮经济[M]. 北京:化学工业出版社,2008:1-4.

3.唐由庆. 邮轮实务[M]. 北京:高等教育出版社,2012:79-101;130-150.

4.倪望清. 国际邮轮服务与管理[M]. 天津:天津出版社,2014:144-152.

5.马楚瑶. 远洋邮轮安全监管研究[D]. 大连海事大学硕士研究生数学论文,2014.

6.时永辉. 国际邮轮卫生检疫监管现状与发展策略研究[J].口岸卫生控制,2013(4).

7.李明恩. 邮轮安全监管应与邮轮产业发展齐头并进[J].消防论点,2016.

8.鄢红叶. 邮轮航线规划研究[D] .大连海事大学硕士研究生数学论文,2012.

9.王迪,张璟. 邮轮旅游航线设定[J].水运管理,2012(12).

10.孙晓东. 邮轮航线设置的基本特征与规划要素研究[J]. 旅游学刊,2015(11).

11.焦芳芳. 邮轮航线设计及我国母港邮轮航线拓展建议[J].水道管理,2014(11).

12. 刘艳. 邮轮旅游市场营销[M].大连:大连海事大学出版社,2016.1.

13. 林增学,胡顺利.邮轮客舱服务管理[M]. 大连:大连海事大学出版社,2015.8.

14. “上海国际邮轮旅游人才培训基地”教材编委会.国际邮轮旅游销售实务[M].北京:中国旅游出版社,2014.4.

15. 陈娟.邮轮餐饮服务管理[M].大连:大连海事大学出版社,2015.11.

16. 龙京红,刘利娜.邮轮娱乐服务与管理[M].北京:中国旅游出版社,2015.6.

二、参考网址

1.http://www.docin.com/p-83065412.html

2.http://www.doc88.com/p-9029319459050.html

3.http://www.docin.com/p-382419873.html

4.http://www.safehoo.com/Emergency/Theory/201012/160186.shtml

5.http://www.docin.com/p-473877329.html

6.http://www.doc88.com/p-404269231209.html

7.http://news.mydrivers.com/1/457/457691.htm

8.http://www.doc88.com/p-285604395708.html

9.http://www.safehoo.com/Essay/Traffic/201012/162208.shtml

10.http://finance.ifeng.com/a/20150602/13748898_0.shtml

11.http://news.xinhuanet.com/world/2016-06/09/c_129048674.htm

12.http://www.docin.com/p-489711801.html

13.http://www.myvacation.cn/cruises/doc/line_200.html

14.http://tour.rednet.cn/c/2013/05/29/3022967.htm

15.http://ship.mangocity.com/hangxian/598.htm

16.http://image.baidu.com/search/detail？ct

17.http://www.sh-bus.com/Crusises/Ship/12

18.http://www.soship.com/news/analysis/434455.html

19.http://www.lvmama.com/info/youlun/tips/228402.html

20.http://www.oceancruiser.cn/carnival.html

21.http://youlun.mcts.cn/hjjlb/

22.http://www.cntour2.com/viewnews/2014/11/22/TQq28l2t8LyNSRECxNAr0.shtml

23.环世邮轮网 http://m.66cruises.com/

24.歌诗达环球邮轮官方网站 http://www.worldcruisechina.com/

25.世界邮轮网 https://www.ylly.com/info/faq/#collapse-xuanze5

26.携程网 http://www.ctrip.com

27.皇家加勒比国际邮轮官网 http://www.rclchina.com.cn/index.htm

策　　划:张　萍
责任编辑:陈　志
封面底图:微图网

图书在版编目(CIP)数据

国际邮轮服务与管理 / 赵序主编. -- 北京 : 旅游教育出版社, 2017.1(2025.8 重印)
全国邮轮专业规划教材
ISBN 978-7-5637-3514-3

Ⅰ. ①国…　Ⅱ. ①赵…　Ⅲ. ①旅游船—经济管理—高等学校—教材　Ⅳ. ①F590. 7

中国版本图书馆 CIP 数据核字(2017)第 009260 号

全国邮轮专业规划教材
国际邮轮服务与管理
赵　序　主　编
彭晓风　胡　婧　副主编

出版单位	旅游教育出版社
地　　址	北京市朝阳区定福庄南里 1 号
邮　　编	100024
发行电话	(010)65778403 65728372 65767462(传真)
本社网址	www.tepcb.com
E-mail	tepfx@ 163.com
排版单位	北京旅教文化传播有限公司
印刷单位	唐山玺诚印务有限公司
经销单位	新华书店
开　　本	787 毫米×1092 毫米　1/16
印　　张	11
字　　数	165 千字
版　　次	2017 年 1 月第 1 版
印　　次	2025 年 8 月第 8 次印刷
定　　价	30. 00 元

(图书如有装订差错请与发行部联系)